ROLF-BERNHARD ESSIG

Butter bei die Fische

W0058444

GOLDMANN

Lesen erleben

Buch

Keine Panik, Land in Sicht! »Sprichwörter-Papst« Rolf-Bernhard Essig hat sich der maritimen Sprachwelt angenommen und reichen Fang im Wörtermeer der Alltagssprache gemacht. Er erklärt, warum wir etwas torpedieren, einen Abstecher machen und durch den Wind sind, was sich hinter dem bitteren Ende verbirgt und natürlich, warum Butter an den Fisch muss. Der Autor lässt uns nicht länger im Trüben fischen, sondern macht klar Schiff. Hier kann man einfach mal kurz abtauchen und entdecken, was hinter all den vielen schönen meerigen Redensarten und Sprichwörtern steckt.

Autor

Rolf-Bernhard Essig, 1963 in Hamburg geboren, wurde einem breiten Publikum mit seiner Sprichwörter-Sendung »Essigs Essenzen« auf Deutschlandradio Kultur bekannt. Der promovierte Germanist und Historiker lebt in Bamberg. Er arbeitet als Autor, Kritiker und Moderator u. a. für den WDR, SWR, NDR und »Die Zeit«. Seine Sprichwörterberatungen vor Publikum erfreuen sich größter Beliebtheit.

Illustrator

Papan, 1941 geboren, gelernter Buchhändler, war Requisiteur am Theater und zeichnete 20 Jahre für den »Stern«, aber auch für »Die Zeit«, »Süddeutsche Zeitung« und »Brigitte«. Er illustriert und schreibt Kinderbücher und Hörbücher.

Butter bei die Fische

Wie das Meer in unsere Sprache floss

Sprichwörter und Redewendungen
gesammelt und erklärt von **Rolf-Bernhard Essig**

Mit Illustrationen von Papan

GOLDMANN

Verlagsgruppe Random House FSC-DEU-0100
Das FSC®-zertifizierte Papier Profibulk von Sappi
für dieses Buch liefert Igepa 2-H-Papier.

1. Auflage
Taschenbuchausgabe März 2012
Wilhelm Goldmann Verlag, München,
in der Verlagsgruppe Random House GmbH
Copyright © der Originalausgabe 2010
by mareverlag, Hamburg
Umschlaggestaltung: UNO Werbeagentur, München,
in Anlehnung an die Gestaltung der Originalausgabe
(Simone Hoschack, Berlin)
KF · Herstellung: Str.
Druck und Bindung: Těšínská tiskárna, a. s., Český Těšín
Printed in the Czech Republic
ISBN: 978-3-442-15703-7

www.goldmann-verlag.de

»Die Welt ist ein Meer, das Jenseits ein Ufer,
das Schiff die Frömmigkeit, und die Menschen
sind eine Reisegesellschaft.«

Abu Ya'qub an-Nahradschuri

Inhalt

Eine schöne Odyssee

Die Sprache kommt mir oft vor wie ein Wörtermeer, auf dem wir mal mit mehr, mal mit weniger Glück fahren, den Kurs verlieren, kentern oder Schiffbruch erleiden und untergehen. Deswegen muss man nicht verzweifeln, schließlich wagen sich die Menschen ja auch schon seit Jahrtausenden aufs wirkliche Meer, wo sich Fehler weit gefährlicher auswirken.

Die mutigen, umsichtigen Seeleute bewunderte man an Land seit Urzeiten, das Meer selbst sowieso. Schon deshalb gibt es so unglaublich viele Redensarten und Sprichwörter über Seefahrt und die See. In diesen Sphären schien alles besonders bedeutsam, herausragend im Vergleich mit dem Alltag an Land. Ungezählte Märchen, Erzählungen und Legenden halfen, den Schatz der Redensarten und Sprichwörter über das Meer im Alltag noch reicher auszustatten. Die christliche Religion liebte das Bild der Schifffahrt vor allem. Schon im Alten Testament schippert die sprichwörtliche Arche Noah herum, Jonas bläst im Walfisch Trübsal, und auch im Neuen Testament predigt Jesus vom Schiff aus und geht Paulus mit einem unter. Überzeugend klingt deshalb eine Liedzeile Leonard Cohens aus *Suzanne:* »Jesus was a sailor«.

Naturgemäß sprechen wir heute also oft in Seeredensarten. Da hat jemand Tiefgang, geht vor Anker, streicht die Segel oder nimmt jemandem den Wind daraus, ist mit allen Wassern gewaschen, spinnt Seemannsgarn, arbeitet volle Pulle oder kommt ans Ruder, das er dann herumwirft.

Einmal auf das Phänomen aufmerksam geworden, fing ich an zu sammeln und erkannte bald, dass es so wunderbar wie uferlos sich ausdehnt. Eine wahre Odyssee begann durch Hunderte Bücher, überraschungsreich, voller Entdeckungen und mit glücklichem Ausgang. Die deutsche Sprache bot eine Flut witziger, anschaulicher und beherzigenswerter Sprichwörter und Redensarten über die See. Aber ich angelte auch im Wörtermeer anderer traditionsreicher Seefahrernationen wie England, Holland, Spanien, Frankreich, Norwegen und Schweden. Oft fischte ich erst einmal im Trüben, so unklar erschienen mir stehende Wendungen, und ich musste ihnen zunächst auf den Grund gehen. Von anderen kannte ich den ungefähren Hintergrund, aber wenn ich die Sache sorgsam auslotete, erkannte ich manchen Irrtum und erfuhr reichlich Aufklärung.

Zum Glück hatte ich gerade ein Buch darüber geschrieben, sodass ich sogar ganz genau wusste, warum man von einer »wahren Odyssee« spricht, die wir auf Ämtern oder bei Ärzten hinter uns bringen müssen, bis wir den richtigen Mann und das richtige Formular oder die richtige Diagnose erhalten haben. Natürlich musste der griechisch-antike Held mit seiner Jahre währenden Meerirrfahrt ins Buch. Erst recht das Bezirzen, die Sirenen und Scylla und Charybdis. Im letzten Kapitel fand er seinen Platz nahe bei Cortez und dem Klabautermann.

Solchen Erklärungen gebräuchlicher Seeredensarten und Meersprichwörtern, deren tieferen Sinn nämlich selbst manche Fahrensmänner nicht immer genau kennen, habe ich besonders schöne, kuriose, vieldeutige oder hilfreiche sprichwörtliche Redewendungen, die von unterschiedlichsten Küsten stammen, an die Seite gestellt. Wenn Sie nun, liebe Leserin, lieber Leser, nur halb so viel Freude bei der Lektüre haben wie ich beim Schreiben, dann sollte es ein vergnüglicher Turn über die weite Sprachsee werden. Mast- und Schotbruch dabei!

Ach, Sie wollen gleich wissen, warum man sich so unerfreuliche Ereignisse wünscht? Es hängt mit dem Aberglauben zusammen, der unausrottbar zu sein scheint. Seit grauer Vorzeit fühlten sich die Menschen von Göttern, Dämonen und geisterhaften Kräften umgeben. Die musste man gnädig stimmen und durfte sie niemals reizen. Dazu gehört die Vorstellung vom Neid der Götter und Dämonen. Wer besonderes Glück hatte, provozierte allein dadurch die über- und außermenschlichen Mächte, ihm zu schaden. Deshalb wünschte man sich lieber nichts Gutes. In manchen Ländern ruft man angesichts eines Neugeborenen aus, wie hässlich es sei, wie kümmerlich und schwach, denn dann ist es für die Dämonen uninteressant. Wünscht man »Mast- und Schotbruch«, meint man also das Gegenteil, will aber die Dämonen nicht herbeilocken. Denken Sie an »Hals- und Beinbruch«!

Zum Aberglauben gehört einfach die Furcht vor dem Beschreien, also etwas durchs Aussprechen herbeizurufen. Deshalb ergab sich wohl ein englisches Sprichwort, das bitte alle Leser dieses Buches beherzigen mögen, bevor sie mich am Ende für irgendetwas haftbar machen: »Zitiere kein Sprichwort, bevor du nicht im Hafen bist.« *(A proverb should not be quoted until your ship is in port.)*

Noch eine kleine Gebrauchsanweisung: In jedem Kapitel stehen am Anfang die Geschichten und Erklärungen zu den sprichwörtlichen Redensarten, dann folgt jeweils eine Sammlung thematisch passender Sprichwörter aus Deutschland und der Welt. Die Hinweise zu deren Bedeutung und Anwendung können nur Andeutungen sein, weil man sie oft nach eigenem Gefallen, je nach Situation und Ton mit tausend Nuancen in seine Rede einflechten kann.

Hinaus aufs Meer!

Redensarten und Sprichwörter
über die Seefahrt

Seefahrt ist not! Navigare necesse est

Ein stürmischer Tag im Jahr 56 v. Chr. an der nordafrikanischen Küste. Der große Pompeius wartet auf die Abfahrt. Vor zehn Jahren hat er im Auftrag Roms die Seeräuber im Mittelmeer erfolgreich vertrieben, einerseits durch Kampf, andererseits durch ihre Ansiedlung in eigens gegründeten Städtchen und Dörfern. Mit Caesar und Crassus ist er Teil des Triumvirats, eines inoffiziellen Dreimännerbündnisses an der Spitze des Staates. Im Moment verfolgt er die Aufgabe, die riesige Stadt Rom und den Staat insgesamt mit Getreide zu versorgen. Er weiß, wie sehr die Formel zutrifft: *Panem et circenses*. Das Volk braucht »Brot und Spiele«, um nämlich bei Laune gehalten und nicht aufmüpfig zu werden. Umso eiliger hat er es. Die Schiffsführer aber fürchten den Sturm, der an Gewalt noch zunimmt. Pompeius reißt der Geduldsfaden. Er stürmt auf ein Schiff, zeigt Richtung Rom, befiehlt, die Anker zu lichten, und schreit etwas wie: »Segeln ist notwendig, Leben ist nicht notwendig!« Das schlägt ein. Die Seeleute lassen sich anstecken von seinem Mut, seinem Beispiel und seiner Energie. Sie hasten auf die Schiffe, drängen sich in die Ruderbänke, lichten Anker, setzen Segel und laufen aus in die stürmische

See. Mit gutem Glück kommen die Schiffe durch alle Gefahren an ihr Ziel, und die Getreidemenge, die Pompeius mit seiner Frachterflotte anlandet, ist gewaltig. Sie versorgt nicht nur das römische Volk, sondern reicht auch für Völker außerhalb Italiens. Es gleicht der Überfluss des Korns einer Quelle, die Getreide in alle Richtungen spült.

So poetisch beschreibt der antike Geschichtsschreiber Plutarch das Ereignis, dem wir die Überlieferung des berühmten Spruchs verdanken: »Seefahrt ist not«. Noch heute liest und hört man ihn, mal mehr, mal weniger ironisch. Was Pompeius gewiss lateinisch gesagt hat, schrieb Plutarch allerdings in griechischer Sprache auf. Da hieß das entsprechende Wort »segeln«, das aber auch »schiffen« oder »mit dem Schiff fahren« heißen kann. Die lateinische Übersetzung mit *navigare* und die deutsche mit »Seefahrt« überzeugt also. Bekannt blieb der Ausspruch des Pompeius über lange Zeit, seit dem 15. Jahrhundert meist in der Form: *Navigare necesse est, vivere non est necesse.* 1545 schrieb man ihn auf Deutsch als Wahlspruch ans Haus »Seefahrt« in Bremen.

Heroisch, ja tollkühn war die Tat des antiken Feldherren. Das Risiko lohnte sich aber, stand doch das Überleben Abertausender auf dem Spiel, da Italien zu wenig Brot für Rom und seine Armeen besaß. Herausgelöst aus dem friedlichen Zusammenhang einer Getreideflotte, erschien das Zitat freilich verändert. Johann Wilhelm Kinau alias Gorch Fock verwendete es 1913 als Titel für seinen viel verkauften Roman *Seefahrt ist not!*. Dass er selbst in der Seeschlacht am Skagerrak umkam und damit den zweiten Zitatteil vom unnötigen Leben erfüllte, machte den Ausspruch zum idealen Marine-Motto. Warum man auf Kriegsschiffen zur See fahren musste, vor allem warum man auf ihnen sterben musste, erschloss sich gleichwohl vielen armen Schweinen, die dabei jämmerlich zugrunde gingen und oft genug nur als Kanonenfutter missbraucht wurden, nicht so recht.

Was liegt an?

Wer ein Anliegen hat, denkt sich bei der Frage nichts, was anliege, aber in dem Fall lohnt es sich doch. Was da anliegt, ist nämlich der Kurs. Der steht dafür, was jemand im Sinn hat, was er plant, wohin er steuert. Der Kompasskurs der Windrosenskala und der Steuerstrich mussten in Deckungsgleichheit gebracht werden, der eine Strich am anderen anliegen, um in die richtige Richtung zu gelangen. Man sagt auch »einen Punkt anliegen«, wenn man mit dem Schiff darauf zusteuert. So verbirgt sich in einer unscheinbaren Frage der Umgangssprache Seemannssteuerkunst.

Der Lotse geht von Bord und das Navi an Bord der Blechkisten

Kaiser Wilhelm II. hatte 1890 die Schnauze endgültig und gestrichen voll von dem Provokationskurs seines bevormundenden Kanzlers. Auch wenn der schon Jahrzehnte die preußische und die deutsche Politik prägte, auch wenn man Otto von Bismarck den »Eisernen Kanzler« nannte, unentbehrlich war er nicht. Das Staatsschiff konnte sich freilich ein Schlingern oder gar ein Scheitern wegen eines Streits auf der Brücke nicht leisten. Also musste einer weg. Das war natürlich nicht er, sondern der Kanzler. Wilhelm II. entzog ihm das Vertrauen und nahm kurz darauf sein Rücktrittsgesuch respektvoll und erfreut entgegen. Nicht wenige freuten sich mit dem Kaiser, einige feixten sich sogar eins. In spezieller Schadenfreude, in die sich allerlei Bedenken mischten, publizierte man in England eine Karikatur, die sich bald immer größerer Beliebtheit erfreuen sollte. Sie zeigt Kaiser Wilhelm II., der von Bord aus Bismarck zusieht, wie er übers Fallreep das Schiff verlässt. *Dropping the pilot* stand als Erläuterung darunter. Es wurde frei übersetzt mit: »Der Lotse geht von Bord.« Spätestens nach der Niederlage 1918 dachten viele Deutsche darüber nach, dass die Fahrt mit dem alten Lotsen wohl nicht zu so einem schrecklichen Schiffbruch geführt hätte.

Ob es bei uns vielleicht sogar eine nationale Sehnsucht gibt, Verantwortung an Lotsen abzugeben? So verlässt sich der durchschnittliche Autofahrer heute nicht mehr auf sein Kartenstudium, sondern lieber auf das »Navi«. *Navigare* heißt im Lateinischen »segeln, fahren, schwimmen, ein Schiff führen«, und der *navigator*, das ist »der Seemann« oder »der Schiffer«. Weil die Orientierung auf See besonders heikel und wichtig war, entwickelten sich dort die besten Navigatoren. Die Seeorientierung verlangte Fachleute für den Kurs, ja, das Führen des Schiffes selbst empfand man als eine Art Kunststück, sodass die Wörter »Navigator« und »navigieren« einen neuen Sinn gewannen, nämlich »Kursberechner«, »Kursfinder« und »Kurs berechnen«, »berechneten Kurs umsetzen«. Wer das konnte, das war der Steuermann, der im Lateinischen allerdings *gubernator* hieß. Schade, dass er sich nicht durchsetzte! Dann spräche alle Welt von ihrem »Gubi«. Der Steuermann kam aber doch zum Zug, im Wort »Pilot«. Es kommt übers Italienische und Französische von der mittelgriechischen Bezeichnung *pedotes* für den Steuermann. Im Englischen bedeutet das Wort auch »Lotse«.

Dessen Führungsqualitäten in schwierigen Gewässern übertrug man gern auf beliebte Politiker, die anscheinend das Land überall »hindurchlotsen«, was ja ebenfalls redensartlich ist. So wurde »Der Lotse geht von Bord« zum geflügelten Wort für Führungswechsel, vor allem in der Politik, das – inklusive adaptierter Karikatur – 1982 von Bismarck auf den damals abgewählten, sehr erfahrenen Bundeskanzler Helmut Schmidt übertragen wurde.

Abstecher

Einen Abstecher machen

Hier soll kein Seemann ermordet werden, und doch kommt die Redensart aus der Seemannssprache, denn mit dem »Abstechen« bezeichnete man das Abstoßen eines Beibootes mithilfe eines Bootshakens oder einfach einer Stange. Ins Deutsche kam der Ausdruck über das Niederländische, wo man auch *een afsteeker maken* kann. Der »Stecken« steckt darin, mit dem man jemanden abstößt. Der Trip mit dem Beiboot war natürlich nie lang, weshalb er sich eignete, Kurzfahrten zu bezeichnen. Von hier aus übertrug man es dann auf Stippvisiten und kurzes Abschweifen von der eigentlichen Route.

Auf dem falschen Dampfer sein

Vor meinem Fenster in Bamberg fahren sie. Fluss-Kreuzfahrtschiffe und Frachter pendeln auf dem Rhein-Main-Donau-Kanal zwischen Nordsee und Schwarzem Meer. So kann ich selbst hier am fränkischen Kunigundendamm ein wenig Meeresatmosphäre schnuppern.

Vielleicht ist meine Adresse schuld, vielleicht der ähnliche Klang, dass ich manchmal aus Versehen sage: »Da war ich wohl auf dem falschen Damm!« Oder: »Jetzt bin ich wieder auf dem Dampfer.« In den meisten Fällen merke ich es, weil ich unbewusst zögere, bevor die Wörter über die Lippen kommen.

Dabei liegt die Sache eigentlich klar. Man sagt: »Jemand ist auf dem falschen Dampfer«, wenn man eine ganz andere Meinung hat oder meint, der andere denke in eine völlig falsche Richtung. Hinter der Redensart steckt die alte Erfahrung, dass es natürlich sehr dumm ist, wenn man auf einen falschen Dampfer gerät. Wer weiß schon, wann der das nächste Mal anlegen wird. Und niemals wird ein so großes Schiff wegen einer unaufmerksamen Person umkehren. Dagegen sagt man: »Jemand ist wieder auf dem Damm«, wenn einer sich von einer Krankheit erholt hat. Dabei bezieht man sich auf die befestigte Straße. Unser Kunigundendamm oder der Kurfürstendamm in Berlin weisen auf die alte Bedeutung hin. Der oft erhöhte Fahrdamm, auf dem man munter vorankam, stand im Gegensatz zum Straßengraben und zum niedrigeren, stark bewachsenen Gebiet links und rechts der Straße.

Das Abkommen vom Weg gehört zu den ältesten Unglücksvorstellungen. So konnte man sich auch denken, dass ein Kranker den Lebenspfad verloren habe, vielleicht sogar vor lauter Schwäche in den Graben geraten und dort liegen geblieben wäre. Kommt so einer wieder auf den Damm, hat er sich aufgerappelt und ist offensichtlich gesundet.

Verwechslungen von Redensarten wie die mit dem Damm und dem Dampfer passieren einfach. Und manchmal ist es sogar erheiternd oder produktiv, wenn sich dadurch neue ergeben. Versuchen Sie es einmal!

Auf Schmusekurs sein

Warum der »Kollisionskurs« heute fast nur noch als »Konfrontationskurs« vorkommt? Ich weiß es nicht. Eindeutig handelte es sich um ein gefährliches Unternehmen für beide Schiffe.

Natürlich gehörte es seit ältesten Zeiten zur Kriegstaktik, vor allem in den Zeiten der Ramm-Strategien, ein Schiff mit einem anderen Schiff treffen zu wollen. Der unfreundliche und aggressive Akt führt bei zwei ähnlich störrischen Schiffsführern, die unverdrossen »Kurs halten«, natürlich zur Katastrophe, eben der Kollision.

Der Kurs selbst kommt interessanterweise vom Laufen, vom Rennen, genauer gesagt dem lateinischen Wort dafür, *cursus*, das auch zum »Kurier« und zum »Korsaren« führte. Nur in der Seefahrt und später in der Luftfahrt hielt sich »Kurs« als Bezeichnung für eine Strecke und ihren Verlauf. Hier war der Reiseverlauf auch über viele Jahrhunderte besonders schwer zu berechnen und zu halten, da Wind, Wellen, Strömung das Schiff abtrieben und auf hoher See die Navigationsmarken fehlten oder – die Gestirne nämlich und der Horizont – nicht immer anzupeilen waren. Der Kurs bekam deshalb eine besondere Aura des Genauen, Wohlberechneten und Zielgerichteten. So setzten sich zahlreiche Redensarten durch, wie »auf Erfolgskurs« oder »auf Schmusekurs« oder eben »auf Konfrontationskurs« sein.

Konfrontationskurs

In einem Boot sitzen

Mein Vater, ausgebildet 1935/36 auf dem Windjammer *Schulschiff Deutschland*, sensibilisierte mich durchaus streng für die Sprache und die See. Er bläute mir ein, dass es nicht um das Saufen ging, wenn jemand meinte, er müsse »volle Pulle« arbeiten, sondern um das Pullen. Erklärend erzählte er von den Rennen der Schulschiffcleven mit den

Beibooten. Auf das Kommando »Pullt!« zogen sie die Riemen kraftvoll durchs Wasser. Schließlich verstand man an Bord Platt und Englisch, wo *to pull* »ziehen« heißt.

Bei einer gut zusammenarbeitenden Rudermannschaft wird niemand »ausgebootet«. Diese beliebte Redensart hieß in der Seefahrt ursprünglich nur, Passagiere von Schiffen, die nicht an der Mole anlegen konnten, mit kleineren Booten an Land oder zu den Stegen zu bringen. Im allgemeinen Sprachgebrauch dagegen bedeutet es, jemanden böswillig auszuschließen und ihm dadurch die erwarteten, berechtigten Vorteile vorzuenthalten. Man kann sich vorstellen, wie der Volksmund das Wort verstand: als werde da jemand aus dem gemeinsamen Boot geworfen.

Unwillkürlich fällt einem der Spruch gegen die Aufnahme Asylsuchender ein: »Das Boot ist voll.« 1942 sprach Eduard von Steiger von der Schweiz als einem Rettungsboot inmitten einer gewaltigen Schiffskatastrophe, das einfach nicht alle Ertrinkenden aufnehmen könne, wolle es nicht selbst untergehen. Die Schweizer wussten jedenfalls, dass sie mit den Flüchtlingen nicht »im gleichen Boot saßen«, ein Ausdruck, der erst nach dem Zweiten Weltkrieg aus dem Angloamerikanischen zu uns kam. Dabei ist er wesentlich älter.

Schon Marcus Tullius Cicero schrieb 53 v. Chr.: *In eadem es navi*, also: »Du bist im selben Schiff.« Die Bedeutung unterschied sich nicht von unserer: Da befinden sich zwei in einer schwierigen Lage, vielleicht sogar einer gemeinsamen Gefahr, und müssen deshalb dafür sorgen, dass ihr Schiff sie »über Wasser hält« und nicht untergeht. Ein politischer Kopf wie Cicero bezog sich in seinem Brief auf das alte Bild vom Staat als Schiff, das noch heute beliebt ist. In Rom lag es nahe, gefährdeten doch Piraten und Feinde mit starker Marine das Weltreich besonders. Als Politiker stand einem das dauernd vor Augen, und der erfahrene Redner Cicero stand seinerzeit sogar auf dem Symbol dieser Bedrohung. Es gab in Rom die sehr spezielle Rednertribüne, die aus den sogenannten Rostra aufgebaut war. Das Wort *rostrum* bedeutet »Schiffsschnabel« und bezeichnete die bronzene Rammvorrichtung der antiken Schiffe. Als die Römer 338 v. Chr. bei Antium einen großen Seesieg errangen, schleppten sie die erbeuteten Schniffsschnäbel nach Rom, um sie als Siegeszeichen auf dem Forum zu präsentieren. Sie dienten dann als Schmuck einer einzigartig triumphalen Rednertribüne, die nach dem Plural der Rammsporne Rostra hieß. Eine Säule in der Nähe wurde übrigens nach einem weiteren Seesieg 260 v. Chr. mit Schiffsschnäbeln verziert und hieß deshalb die Columna Rostrata. Bis ins vorige Jahrhundert hinein hießen wegen der antiken Rednertribüne alle Rednertribünen oder -pulte Rostra.

Doch zurück zum selben Boot, in dem wir sitzen. Warum sagen wir nicht mehr »Schiff« wie Cicero? Vielleicht sind das Englische und Roger Bacon schuld. Vor gut vierhundert Jahren schrieb er erst: *You are in the same shippe*, später: *We're in the same boat.* So verbreitete es sich im Englischen, und so kam es auch ins Französische, wo man *bateau* sagte. In beiden Sprachen bezeichneten die Ausdrücke sowohl kleinere Wasserfahrzeuge als auch größere, also Kähne, Schiffe und

dann sogar Dampfer. Das deutsche Boot klingt zwar gleich, ist aber ausschließlich klein.

Die Verkleinerung macht allerdings eindringlich klar, dass man in so einer Nussschale ganz besonders aufeinander angewiesen ist und sich am besten gemeinsam »in die Riemen legen sollte«. Früher dachte ich, der Ausdruck »Riemen« habe mit den Lederschlaufen zu tun, die manchmal die Ruder führten und hielten, aber das ist ein Irrtum. Die alte lateinische Bezeichnung *remus* hat sich hier einfach in leichter Ablautung erhalten.

An Bord stand dagegen das Wort »Ruder« in aller Regel für das Steuerruder, weshalb all die beliebten Redensarten wie »ans Ruder gelangen«, »am Ruder sein«, »das Ruder fahren lassen«, »etwas läuft aus dem Ruder« oder »das Ruder herumwerfen« sich auf den Steuervorgang beziehen und dessen entscheidende Bedeutung für die Fahrt des Schiffes.

Etwas überfrachten

Wenn ein Redner mit Fakten, Zahlen und Tabellenbildern äußerst freigebig umgeht, dann stöhnt ein Zuhörer schnell: »Das ist total überfrachtet!« Und damit geht er auf einen friesischen Seeausdruck zurück. Die »Fracht« kommt von dort her und strahlte – mit den fleißig seefahrenden Friesen – in viele Länder aus: ins Dänische (*fragt*), Schwedische (*frakt*), Englische (*freight*), das frühe Niederländische (*vracht*) und von hier aus auch ins Hochdeutsche.

Die Fracht bezeichnete in Friesland wohl den Lohn des Schiffers für den Transport von Menschen und Waren. Von hier aus übertrug sich die Bedeutung auf die Ladung selbst, für die bezahlt wurde, und auf Ladung, die im Binnenland mit Wagen transportiert wurde. So heißt ein bekannter Truck-Hersteller in den USA »Freightliner«.

Schon bei unsachgemäßem Stauen der Ladung kam es leicht zum Krängen des Schiffes. Das nannte man »Schlagseite bekommen«, und diese Schieflage beeinträchtigte oder gefährdete die Fahrt. Redensartlich übertrug man den Ausdruck auf Betrunkene. Kriminell und gefährlich wurde es, wenn ein gieriger Kapitän zu viel Fracht annahm. Das überfrachtete Schiff lag dann zu tief im Wasser und konnte leicht untergehen.

Redner gehen geringere Risiken ein – schlafende Zuhörer und nie wieder eingeladen zu werden.

Durch den Wind sein

Erschöpfungsausdrücke gibt es viele, doch dieser ist besonders beliebt, obwohl er sich nicht einfach von selbst erklärt. Man stellt sich vielleicht vor, dass man sich durch Stürme gekämpft hat, und ist damit auf dem richtigen Weg.

Segelschiffe müssen nämlich beim Kreuzen »durch den Wind gehen«, wenn sie eine Wende machen wollen. Dabei ist der Effekt des In-den-Wind-Schießens zu vermeiden, also die Zeit, in der der Wind stark bremst, weil er von vorne kommt, zu reduzieren. Man muss das Schiff möglichst rasch wieder in den Wind drehen.

Schon bei Jollen war das nicht immer einfach, viel schwerer noch bei großen Windjammern, denn das Schlagen der Segel im Wind konnte sie zerstören, der erst mangelnde, dann plötzlich wieder starke Winddruck machte das Schiff schwerer steuerbar, konnte es sogar kentern lassen. Es war ein anstrengendes, heikles, manchmal gefährliches Manöver. War man »durch den Wind«, hatte man es für den Augenblick geschafft, war aber auch selbst geschafft.

Zu viel Wind zerreißt die Segel

Nicht jedes Sprichwort, in dem der Wind sein Spiel treibt, kommt aus dem maritimen Bereich, aber auf See hatte der Wind im Gegensatz zum Landleben eine viel größere und fast immer existenzielle Bedeutung. Man war ihm auf Gedeih und Verderb ausgeliefert und darüber hinaus auf seine Kraft angewiesen, zumindest etwa dreitausend Jahre lang, in denen Segelschiffe die Meere beherrschten.

Da ist es ein bedeutsamer Unterschied, wenn plötzlich »ein anderer / schärferer Wind wehte«. Die Redensart »jetzt weht hier aber ein anderer / schärferer Wind« beschreibt die Änderung der Einstellung einem Menschen gegenüber. Man droht ihm, weil ihm unter freundlichen und positiven Umständen das Erwartete nicht abzugewinnen ist. Die Zeit günstiger, gewogener Winde ist nun vorbei, Widrigkeiten werden folgen. Der »Wind weht dem anderen« als bedrohlicher Gegenwind »ins Gesicht«, »der Wind kommt von vorn«. Unter solchen Umständen darf man sich keine Lässigkeiten mehr erlauben, muss vielmehr unter höchster Konzentration und mit strengster Disziplin arbeiten.

Das Gegenteil ist es geradezu, »jemandem den Wind aus den Segeln zu nehmen«, da er damit ja keinen Vortrieb mehr hat. Ein größeres Segelboot kann das bei einem kleineren durchaus tun, indem es sich hinter dasselbe setzt. Natürlich gelingt so etwas nur für kurze Zeit, soll das kleinere nicht in den Grund gebohrt werden.

Wie schön ist es dagegen, »Wind in den Segeln zu haben«, also ideale Umstände, die einen vorwärtstreiben. Das gelingt besonders, wenn man sich an die Regel hält, »mit dem Wind zu segeln« oder »sein Schiff nach dem Wind zu richten«. Das hat – wie sehr viele Dinge – zwei Seiten. Einerseits kann die Redensart bedeuten, dass man jede günstige Gelegenheit nutzt und eben mit dem Wind segelt, andererseits bedeutet es: Jemand ist anpassungsfähig und fährt, wohin der Wind grad weht. Das ist schon wieder ambivalent, kann es doch eine Tugend sein, sich in sein Schicksal zu schicken und jeweils die besten Möglichkeiten zu ergreifen, oder aber ein Laster, denn das Segeln mit dem Wind beweist persönliche Schwäche und Wankelmut: Man fährt nicht den eigenen Weg, sondern lässt sich von äußeren Umständen leiten.

Will man als Segler nun nicht »auf günstigen Wind warten«, dann muss man rudern, kreuzen oder sich eine andere Transportart einfallen lassen.

Jemand kreuzt auf und laviert herum

Das Hin und Her hat selten Freunde, viel eher mag man es geradeheraus. Auf See ist das nicht anders als an Land, doch wenn widrige Winde wehen, musste man zu Zeiten der Segelschiffe kreuzen. Das kam im frühen 17. Jahrhundert aus dem seemännischen Niederländisch, wo es *kruisen* hieß. Der englische *cruiser* und Tom Cruise verdanken ihre Namen den Holländern. Die verstanden unter *kruisen* erst einmal nur das »Hin-und-her-Fahren«, und so übernahmen es auch andere Völker wie die Deutschen. Vor knapp zweihundert Jahren kam es dann zur Begriffsverengung und bedeutet nur noch die Fahrt im Zickzack gegen den Wind, was man zuvor bei uns durchweg als »Lavieren« bezeichnet hatte. Das wiederum kam von dem alten französischen Wort *louvoyer*, das mit Luv verbunden ist. Über das Mittelniederländische wurde es spätestens vor gut fünfhundert Jahren auch im Deutschen als »Lavieren« heimisch. Das setzte sich bald als Redensart durch, um zu beschreiben, dass jemand unnötige Ausflüchte macht, sich nicht entscheiden kann und einfach immer weiter windet. Mit dem Kreuzen ging es merkwürdigerweise nicht so. Einerseits entwickelte sich die Bezeichnung »Kreuzer« für schnelle

Kriegsschiffe, die für Patrouillenfahrten vor der Küste und zur Beobachtung feindlicher Kräfte geeignet waren. Weil die Kreuzer unerwartet rasch auf der Bildfläche auftauchen konnten, bildete sich die Redensart »jemand kreuzt auf«. Der aus dem Englischen übernommene Begriff »Straßenkreuzer« bezieht sich dagegen auf große, repräsentative Autos, die im Gegensatz zu ihren kleineren Kollegen schon eher an Schiffe erinnern.

Ich gebe zu, das wirkt alles wie ein ziemliches Hin und Her, aber vielleicht verzeihen Sie mir für diesmal das kreuzende Lavieren.

Herumbugsieren

Irgendwie scheint die Sache etwas mit dem Bug zu tun zu haben, ist doch der Ausdruck eindeutig maritim, doch der Eindruck täuscht. Aus dem niederländischen *boegseeren* oder *boegsjaren* entwickelte sich unser Wort, das ursprünglich ausschließlich »ein Schiff ziehen / schleppen / lotsen / lenken / an einen bestimmten Ort bringen« bedeutete. Doch auch die Niederländer hatten das Verb übernommen, aus dem portugiesischen *puxar*, das für »ziehen« und »zerren« stand. Wie so oft stecken dahinter lateinische Wörter, nämlich *pulsare* für »stoßen« und *pellere* für »schlagen«.

Weil man diesen Ursprung nicht kannte, kam man in den germanischen Sprachen wie Niederländisch und Deutsch auf die Idee, es könne vom Bug kommen, was sich dann rasch auf die Schreibweise und das Verständnis auswirkte.

Eine notwendige Sache beim Bugsieren wurde übrigens ebenfalls redensartlich, die Seilverbindung zwischen dem Schlepper und dem zu Schleppenden. Selbst tief im Landesinneren sagt man deshalb, »jemanden im Schlepptau haben« oder »jemanden ins Schlepptau nehmen«.

Ach ja, eine alte Redensart knüpft an das Schleppen an. Man sagte für den Überholvorgang auf See auch, »jemanden den Tampen zeigen«. Die Geste war üblich, wenn ein Schiff das andere überholt hatte. Man zeigte dem langsameren Fahrzeug zum Spott das Seil, als sei es hilfsbedürftig und müsse geschleppt werden.

Keine Peilung haben *und* Etwas ausloten

Wenn jemand einen gewissen »Pegel erreicht« hat, »hat er keine Peilung«. Das bedeutet, er weiß nicht mehr, wo er und was überhaupt los ist.

Pegel und Peilung gehen auf die Wassertiefenmessungen zurück. Man peilte mit einem Lot, weshalb man auch noch heute davon spricht, »jemand lote etwas aus«. Das kann freilich auch im Maurer-

bereich gebraucht werden, wo es für die Senkrechtausrichtung von etwas steht.

Beim Peilen und Loten von Bord aus benutzte man ein länglich geformtes Bleigewicht an einer langen Leine, die Lotleine hieß. Lot ist aber auch eine alte Gewichtseinheit, die nur noch in einem Sprichwort gebräuchlich ist: »Freunde in der Not gehen hundert auf ein Lot.« Ein Lot machte etwa ein Dreißigstelpfund aus und hat übrigens mit dem englischen *lead* (»Blei«) eine Beziehung, da man früher solche Gewichte aus Blei herstellte und Lot wie *lead* auf das germanische *lauda* für »Blei« zurückgehen. Selbst das Löten gehört zu dem Bereich, weil man früher nicht Lötzinn, sondern Blei benutzte. Das Lot-Sprichwort bedeutet jedenfalls, dass in einer Notlage Freunde extrem leichtgewichtig und damit unzuverlässig sind, denn jeder einzelne wiegt ja nur ein Hundertstel eines Dreißigstelpfundes.

Deshalb lohnt es sich, bei Freunden die Tiefe der Freundschaft vorher auszuloten oder zu peilen. Dass man die für die Schiffe so wichtige Tiefenmessung später auch für horizontale Orientierung verwendete, überrascht nicht. Der Peilsender und die Peilung der Position kamen langsam, aber sicher im 20. Jahrhundert auf. Seitdem verbreitete sich auch an Land der Ausdruck »keine Peilung haben«, der nicht nur das Unwissen über die Wassertiefe bezeichnet, sondern totale Orientierungslosigkeit.

In jemandes Kielwasser geraten

Der Grundbalken und Längsträger eines Schiffes gibt der Spur der Schiffe ihren Namen: Kielwasser. Der Bug, der Rumpf, der Kiel, sie bahnen durch die Wellen den Weg, und hinter dem Schiff sieht man oft sehr lang die schöne Bahn, die dort gezogen wurde. Dort ist für nachfolgende Schiffe gut fahren, da das Kielwasser selbst inmitten schweren Seegangs ruhigeres Fahrwasser bietet. Im extremen Fall der Eisfahrt bietet das Kielwasser eines Eisbrechers erst die Möglichkeit des Durchkommens für andere Schiffe. Das Fahrwasser bezeichnete allgemein die vor dem Schiff liegende Wasserstrecke oder speziell eine markierte Fahrrinne. Redensartlich wurde »in gefährliches Fahrwasser geraten«.

Die bequemere, freiere Fahrt eines Schiffes im Kielwasser eines oft größeren und stärkeren ließ sich leicht auf die Menschen übertragen. Ob sie nun zu schwach, zu bequem oder zu feige sind, sich den eigenen Weg zu bahnen, ob sie klug und effizient handeln, indem sie sich bedeutenden Menschen anschließen und deren Weg folgen, oder ob sie sich einfach der Tradition anschließen – es gibt gute und schlechte Gründe, sich im Kielwasser eines anderen zu tummeln.

Ungefährlich war es allerdings nicht, denn wenn das führende Schiff unterging, konnte es das nachfolgende in seinem Todesstrudel mitziehen, weshalb ein Sprichwort meinte: »Willst du nicht mit sinken, so fahre nicht in fremdem Kielwasser.«

☆ ☆ ☆

Verlasse niemals das Schiff, ehe das Schiff dich verlässt!
Alte Seefahrerregel. Vertausche einen Rest Sicherheit nicht mit totaler Unsicherheit.

Wer einen Bären ins Boot zieht, muss ihn auch über den Sund fahren.
Dänemark. Man muss die Suppe auslöffeln, die man sich eingebrockt hat. Wer mit dem Teufel essen will, braucht einen langen Löffel.

Es segelt nicht schlecht, wer in einen guten Hafen kommt.
Das gute Ende lobt die Arbeit.

Wat to Backbord inkummt, mut to Stürbord ut.
Sturzseen, die von der einen Seite einkommen, müssen auf der
anderen Seite wieder ablaufen, da sonst das Schiff sänke.
Vielfältig einsetzbar für Kommen und Gehen, Geben und Nehmen
im fatalistischen, positiven oder negativen Sinn.

Mit zwei Ankern im Hafen sitzen.
Das sagt man von sehr Sicherheitsbedürftigen.

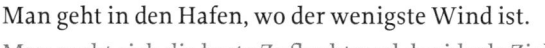

Man geht in den Hafen, wo der wenigste Wind ist.
Man sucht sich die beste Zuflucht und das ideale Ziel.

Der Hafen ist nicht ohne Zoll.
Man muss für alles bezahlen. Das Gute hat immer etwas
Unangenehmes im Schlepptau.

Wer aus dem Hafen ist, hat eine gute Tagreise getan.
Das Bugsieren aus gut besuchten Häfen war früher eine
gefährliche, komplizierte und langwierige Aufgabe.
Aller Anfang ist schwer. Mit ihm ist etwas Wichtiges getan.

Wenn das Wasser noch so still, muss der Schiffer an Sturm
denken.
Vorsicht ist immer geboten. Man soll sich nicht in Sicherheit
wiegen oder einlullen lassen.

Land sehen heißt noch nicht im Hafen sein.
Lettland. Man soll den Tag nicht vor dem Abend loben.
Ähnlich: Man muss nicht frohlocken, bis man im Hafen ist.

Ein Reich ohne Hafen ist ein Kamin ohne Feuer.
Die Seefahrt galt lange Zeit als Handels- und Wohlstandsgarant,
damit als staatstragend und unverzichtbar.

Wenn das Meer brüllt, mag der Nachen das Land suchen.
Man soll sich aus Gefahren und Streit heraushalten,
erst recht als Schwacher und Kleiner.

Man muss lavieren (kreuzen), wenn man nicht gerade
segeln kann.
Man soll nicht mit dem Kopf durch die Wand wollen.
Ein Umweg hilft auch zum Ziel.

Man kann den Wind nicht lenken, aber die Segel anpassen.
Schicke dich in das Unvermeidliche und Stärkere.

Selbst auf dem weiten Meer stoßen manchmal Dschunken
zusammen.
China. Aufmerksamkeit tut immer not. Man muss selbst
mit dem Unwahrscheinlichen rechnen.

Gott hilft dem Schiffer, aber steuern muss er selbst.
Gottvertrauen ist wichtig, schadet allerdings, wenn man
dem Himmel die alltäglichen Pflichten überlässt.

»Segle!«, sagte der König. »Halt!«, sagte der Wind.
Vor den Naturgewalten hört die Macht der Autoritäten auf.

Was sollen Kinder im Boot mit Bären?

Island. Unerfahrene stören an Bord die Erfahrenen.

Nicht alle Klippen sind mit einem Schlag umschifft.

Island. Man muss sich so lange anstrengen, bis man das Ziel,
die Rettung, erreicht hat.

Es ist übel, mit einem Riemen zu rudern.

Island. Untaugliches Werkzeug macht das Leben schwer.
Mit einem Riemen fährt man im Bogen oder muss dauernd
die Seiten wechseln.

Es ist besser zu rudern als zu treiben.

Island. Man soll tatkräftig streben, nicht faul abwarten.

Wem man soll ein Schiff vertrauen, der muss zuvor
Ruderknecht gewesen sein.

Wer etwas von der Pike auf gelernt hat, ist Experte.

A song is ten men on the rope.

Ein Lied entspricht zehn Mann am Tau. Das Singen bei der Arbeit
gibt vielfältige Kräfte.

Fortune brings in some boats that are not steered.

Shakespeare. Fortuna bringt manche Schiffe in den Hafen,
die nicht gesteuert werden. Der Sinn entspricht in vielem unserem
Sprichwort: Die dümmsten Bauern haben die größten Kartoffeln.

Man muss beides können: nachlassen und anholen.

Je nach Situation soll man sich angemessen verhalten.
Anstrengung und Anspannung sind nicht immer angemessen.

Man moot altied 'n Oog in't Seil hebben.
Man muss immer ein Auge im Segel haben. Auf dem Schiff
wie im Leben gilt es oft, zwei Dinge gleichzeitig zu beachten:
das Grundsätzliche und das Aktuelle.

Der eine steht am Ruder, der andere am Bug.
Einerseits: Einer bestimmt, der andere fährt mit.
Andererseits: Der eine bestimmt die Richtung, der andere hält
Ausschau. Jeder hat seine spezifische Aufgabe.

Einer kann nicht beides: schöpfen und rudern.
Norwegen. Man soll sich auf eine Sache konzentrieren,
sonst gelingt weder das eine noch das andere.

Ein volles Boot will keine hohen Wellen.
Norwegen. Passe dich den Gegebenheiten an. Wer viel besitzt,
sich um viel kümmern muss, muss besonders aufpassen,
nicht zu scheitern.

Es ist besser, einen Bord für die Wellen zu haben, als die Wellen.
Island. Lade nicht zu viel! Sei nicht zu gierig!

Wo alles steuern will, kann man nicht segeln.
Auch: Ein Boot kommt nicht vorwärts, wenn jeder rudert,
wie er will.
Kenia. Egoismus schadet, aber man muss auch erkennen,
wann man etwas tun muss.

34

Der Weg ist übel zu finden, den das Schiff in See geht.
Einerseits hinterlässt ein Schiff keine Spuren, andererseits ist
sein Kurs ohne Landmarken schwer zu bestimmen. Der Spruch
ist zu verwenden, um Unklares zu bezeichnen oder schwer zu
Verfolgendes.

Er fährt mit wie der große Mast.
Ähnlich: Er fährt, wo der große Mast fährt.
Jemand ist vollkommen willenlos, faul und abhängig.

Es fahren viele auf der Oder, aber es sehen nicht alle das Meer.
Viele sind berufen, aber nur wenige auserwählt.
Viele tun Ähnliches, aber nur wenige Herausragendes.

Es kann wohl einer ein Schiff bauen und weiß es doch nicht
zu steuern.
Es gibt unterschiedliche Fähigkeiten der Menschen,
deren Grenzen beachtet werden sollten.

Was nützt die Tonne, wenn das Schiff leck ist.
Ein Ratschlag ist gut, ändert aber nichts an konkreter Gefahr.
Man muss sich erst um die drängenden Dinge kümmern,
dann um die zweitrangigen.

Er hat eine Tonne in die See geworfen.
Je nach Situation. Entweder: Etwas Sinnloses tun,
da im weiten Meer ein Seezeichen, eine »Tonne«, nichts nützt.
Oder: Jemanden warnen wollen.

As sails are to a ship, so are the passions to the spirit.
Wie Segel für das Schiff, so sind die Leidenschaften für den Geist.

Nicht alle Segel eignen sich für alle Schiffe.

Und: *Make thy sail not too big for the ballast.*

Mach dein Segel nicht zu groß für den Ballast.

Achte auf Angemessenheit, sonst wirst du scheitern!

To set up a sail for every wind.

Ein Segel für jeden Wind setzen.

Entweder: Sich an alles anpassen, kompromissbereit sein.

Oder: Sich auf alles vorbereiten, gegen alles wappnen.

He knows to sail with every wind.

Er weiß bei jedem Wind zu segeln. Bezeichnung einerseits
eines Opportunisten, andererseits eines Tausendsassas,
der in allen Lagen zurechtkommt.

Ein guter Schiffer muss die Zeiten kennen.

Auch: *For wisdom sails with wind and tide.*

Denn Weisheit segelt mit dem Wind und der Flut. Es ist weise,
die Gegebenheiten für sich zu nutzen.

Wer die Flut versäumt, dess Schifflein bleibt auf der ersten
Sandbank sitzen.

Zögere nicht zu lang! Nutze die Gelegenheit, sonst erleidest du
Schiffbruch.

Bist du auf dem hohen Meer, so fahr mit vollen Segeln her.

Wenn man in Fahrt ist, soll man den Schwung nutzen.

Wer wagt, gewinnt. Nutze mit Freude die Gegebenheiten.

Gewohnheit der Schiffer hält man für Recht.

Tradition ist an Bord von extrem großer Bedeutung.

Hat der Sturm sich gelegt, so sind die Gelübde des Schiffers vergessen.
Auch: Was auf dem Meere versprochen, wird oft an Land gebrochen.
In Gefahr gefasste Vorsätze vergisst man rasch, wenn die Notsituation vorüber ist.

Im Sturm wird das Liebste auf dem Schiff zu Ballast.
In der Not verändern sich die Wertvorstellungen radikal.

Eher endet in der Hölle das Feuer als die Arbeit auf einem Schiff.
Estland. An Bord ist immer etwas zu tun.

Das Schiff geht nicht immer, wohin der Steuermann will.
Der Mensch denkt, Gott lenkt. Die Absicht und das Ziel differieren oft.

Unter vollen Segeln ist leicht rudern.
Einerseits: Vorwurf an Leute, die erst mittun, wenn alles schon läuft. Andererseits: Zufriedenheit, wenn äußere Umstände die Tätigkeit unterstützen.

Wo man nicht segeln kann, muss man rudern.
Auch: Hat sich der Wind gelegt, musst du rudern.
Man muss sich den Gegebenheiten gemäß verhalten, tätig werden, wenn äußere Unterstützung fehlt.

Ein schlechter Ruderer schimpft auf die Ruder.
Oft schiebt man die Schuld auf andere, wenn man unfähig ist.

Lasst den bei den Riemen blciben, der rudern gelernt hat.
Jeder soll tun, was er gut versteht.

Man muss mit den Riemen rudern, die man hat.
Es hilft nichts, sich optimale Umstände zu wünschen.
Besser ist es, das Vorhandene optimal zu nutzen.

In einem wankenden Schiff fällt um, wer stille steht..

Krummes Ruder, langer Fjord.
Norwegen. Das krumme Steuerruder verlängert die Reise.
Schlechtes Werkzeug führt zu schlechter, lang dauernder Arbeit.

Pumpen oder sinken, sagte der Schiffer.
Sein oder Nichtsein. Es gibt keine Alternative.

Vom bloßen Gerede fährt nicht einmal ein Käseschiff.
Tun, nicht reden!

In einem wankenden Schiff fällt um, wer stille steht,
nicht, wer sich bewegt.
Ludwig Börne. Auf See gelten andere Gesetze.

Hänseln oder shanghaien?

Redensarten und Sprichwörter
über das Leben an Bord

Der blinde Passagier

Im Laderaum versteckt er sich gern, in wenig genutzten Vorratskammern der Kombüse oder in abgelegenen Teilen des Maschinenraums, wo es schön warm ist. Durchbrennende Liebespaare fahren heimlich mit und Knaben, die etwas angestellt haben. Werden sie erwischt, müssen sie sich die Schiffspassage mit Kartoffelschälen verdienen.

Die blinden Passagiere gehören schon lange als Klischee zur Seeliteratur, aber in der Wirklichkeit kamen sie ebenfalls vor. Schließlich gab es viele Gründe, die versteckte Fahrt ins Weite mit Schiffen anzutreten: Angst, Not, Abenteuerlust, Seeromantik.

Dass manches Besatzungsmitglied blind für sie ist, kann man sich vorstellen, sogar dass mitleidige Matrosen sich blind stellen, aber warum gelten die Schwarzfahrer an Bord selbst als blind?

Man muss an Worte wie »blinder Alarm«, »blindes Fenster« oder »blinde Tür« denken, um auf die richtige Spur zu kommen. »Blind« bedeutet einerseits, »nicht sehen können«, andererseits »funktionslos«, »nichtig« und dann noch »nicht sichtbar«. In der Seefahrt gab es dazu passend die Bezeichnung »blinder Sand« für eine tückisch unsichtbare Sandbank unter der Wasseroberfläche. Der blinde Alarm ist ein Fehlalarm, blinde Fenster und Türen gehören zur Scheinarchitektur mit nur noch der zierenden Funktion. Und der blinde Passagier ist einer, den man nicht sieht.

Jemanden shanghaien

Dann und wann fanden sich Seeleute ausgeraubt unter dem Tisch oder plötzlich an Bord eines fremden Schiffes wieder; nicht nur in Abenteuerromanen. Die Praxis des Shanghaiens wendete man schon lange an, bevor dieser Name dafür aufkam: Eine Art von K.-o.-Tropfen gab es früh, doch oft genügte es, Seeleute mit Alkoholika freizuhalten, bis sie betrunken waren. Gegen einen Anteil an der Heuer verschacherte man die Schlafenden dann an Kapitäne, die Leute brauchten.

Nach der chinesischen Stadt wurde dieses zwangsweise Anheuern genannt, weil Kulis, also einfache Arbeiter, dort massenhaft zum Dienst in Übersee in ähnlicher Weise gepresst worden sein sollten.

Jemanden hänseln

Heute ist es ganz einfach, Hanseat zu werden. Man wird beispielsweise in Hamburg, Bremen, Rostock oder Lübeck geboren und gewöhnt sich die Lebensart sowie die Sprache vor Ort an.

Früher ging es nicht so leicht, denn vor die Hanse hatten die Hansen das Hänseln gesetzt. Das widerfuhr jedem jungen Mann, der im Mittelalter dem Kaufmanns- und Städtebund beitreten wollte. Ihm wurden mehr oder weniger symbolische Schläge verabreicht, dazu mit einem rauen Holzmesser alle Reste des vorhansischen Lebens abgeschabt. Dann tunkte man ihn in allerlei teils unappetitliche Flüssigkeiten oder schüttete dieselben über ihn, zwang ihn, durch die Speichen eines Rades sich zu winden, und dergleichen mehr.

Wenn Sie das an die Sitten bei der Linien- oder Äquatortaufe erinnert, liegen Sie goldrichtig. Auf Schiffen hielten sich die allgemein verbreiteten Aufnahmerituale besonders lang und trieben besonders seltsame Blüten. Dazu bedurfte es nicht der weiten Reise zum Äquator. Es genügte schon, das erste Mal den Sund zu durchqueren, um den Hänseleien ausgeliefert zu sein. In Schrumpfformen hält sich das Ritual auf Kreuzfahrtschiffen. In herrlich fantasievoller Ausgestaltung betrieb man es vor allem auf Schiffen der DDR-Handelsmarine, wo man sich für derlei Schabernack noch Zeit nahm. Da entwickelte und baute man Scherzfolterinstrumente und Parcours an Bord mit allerlei Stationen, die der Gehänselte zu durchlaufen hatte, bis ihm endlich die Urkunde seiner Taufe übergeben wurde.

Hänseln hieß ursprünglich bloß »jemanden hansisch machen«. Erst durch die Aufnahmerituale erweiterte sich die Bedeutung langsam, aber sicher hin zu unserer heutigen Vielfalt von »necken« über »zum Besten haben/halten« bis hin zu »quälen«.

Etwa zweihundert Jahre lang beherrschte die mächtige Organisation der Hanse den Handel zwischen London, Antwerpen, Lübeck, Gotland, Reval und Nowgorod. Wer sich da 1356 als »Kopman van der dudeschen Hanse« bezeichnete, waren Städte und Kaufleute, die alle selbstständig blieben und doch gemeinsame Politik betrieben, ja erfolgreich Seekriege führten und dem berühmten Schiffstyp der Hanse-Kogge zum Durchbruch verhalfen. Ihr Name geht zurück auf die Bezeichnung einer Gilde, die nach dem alten gotischen Wort *hansa* für »Menge« und »Schar« gebildet worden war. Im hohen Mittelalter bezog man den Ausdruck immer mehr auf eine Schar Kaufleute. Es gab dementsprechend schon lange und viele Hansen vor der berühmten Hanse; auch im Ausland. Die Franzosen ließen sich sogar von dem deutschen Wort anregen, und so gründeten *hanseurs* im 11. Jahrhundert die Hanse von Valenciennes.

Derartig mächtig wie die »Deutsche Hanse«, wie man zur Unterscheidung immer sagen müsste, wurde freilich keine andere Vereinigung. Weil sie besonders einflussreich im internationalen Seehandel war, konnte sie redensartlich für wagemutige und erfolgreiche Handelsflotten überhaupt werden, sodass sich 1926 für eine Flotte von Flugzeugen der Name »Deutsche Lufthansa« anbot.

Dreimal ist Bremer Recht

Das Sprichwort hört man beim Kartenspielen, wenn einer seinen dritten Stich in Folge macht, vielleicht auch beim Abendessen, wenn sich jemand zum dritten Mal den Teller füllt; meistens mit einem ironisch-freundlichen Ton. Das Sprichwort ist ursprünglich allerdings ernst gemeint und sehr alt.

Die heilige, magische Zahl Drei spielt mit hinein. Nicht weit von Bremen, in Holland, sagt man: *Driemaal is scheepsrecht*, was man auch im Deutschen hörte: »Dreimal ist Schifferrecht.« Der Schiffsführer hatte sich in alten Zeiten an die Dreierregel zu halten: Pro Tag musste er – vorausgesetzt, die See ließ es zu – drei Mahlzeiten austeilen lassen. Er durfte höchstens drei Schläge mit einem großen Kochlöffel oder einem Tampen als Körperstrafe austeilen. Schließlich musste er bei einer Seebestattung die dreimaligen Hurrarufe der Mannschaft durch Vorrufe auslösen.

Wieso aber Bremen? Wahrscheinlich geht es um die Rechtsgeschichte. Bremer Ratsherren hatten drei kaiserliche Privilegien. Sie durften – wie Adlige – Gold und Pelz tragen, der Kaiser gestand ihnen eine eigene Gerichtsbarkeit zu, und schließlich erlaubte er ihnen auf der Weser die Schifffahrt frei von Abgaben und Vorschriften.

Am wahrscheinlichsten geht es freilich wirklich um das »Bremer Recht« im eigentlichen Sinne. Damit bezeichnete man die Sammlung von Rechtsvorschriften, die in Bremen galten, aber auch von anderen Gemeinden übernommen wurden. Das Bremer Recht zeichnete sich durch Dreischritte aus, die natürlich wieder mit der heiligen Zahl zu tun hatten. Drei Instanzen gab es. Wenn man drei Zeugen für eine Aussage oder eine Tat aufbieten konnte, galten sie als bewiesen. Und wenn etwas dreimal offiziell verkündet worden war, so war es rechtsgültig.

The drunken sailor?
Voll wie eine Strandhaubitze

Der Seebär gleicht in der Auffassung der Landratte in etwa dem Bernhardiner, denn wie dieser ist jener ohne Alkohol undenkbar. Seit Jahrhunderten feiern und verteufeln denn auch Lieder, Bücher, Filme die Wellenbezwinger als trinkfeste und alkoholfrohe Leute, die zu einem Gläschen nie Nein sagen. So wurde der Shanty *What shall we do with the drunken sailor* zum berühmtesten Song der Seefahrt und damit zu einer der bekanntesten Redensarten der Seefahrt international.

Andere Betrunkenheitswendungen im Deutschen weisen ebenfalls auf einen maritimen Zusammenhang hin. Da ist jemand »voll wie eine Strandhaubitze«, was von den großkalibrigen Küstengeschützen herkommt. Um die teils riesigen Kanonen zu füllen, benötigte man massenhaft Pulver und gewichtige Geschosse. Um so voll zu sein, musste man also heftig tanken. Dass man dann »schwer geladen« hatte, versteht sich, doch der Ausdruck verdankt sich nicht dem Laden eines Geschützes, sondern eher den Lastschiffen, allerdings auch Lastwagen, denn man verglich den Alkoholkonsum mit dem Ladevorgang. Ein Schiff, das schwer, aber nicht sachgemäß beladen wurde, bekam leicht Schlagseite, neigte sich also in eine Richtung. Betrunkene zeigen sogar wechselnde Schlagseiten, weil sie ihren Körper nicht im Lot haben. Englische Seeleute spotteten über Betrunkene und Seekranke, indem sie sagten: *He is an admiral of the narrow seas.* Was auf Deutsch heißt: »Er ist ein Admiral des Ärmelkanals.« Der heftige Seegang dort lässt stark schwanken.

Vielleicht liegt es an dem Paradox: Alle Seefahrer bewegen sich auf ungeheuren Wasserweiten, und doch mangelt es ihnen an Wasser. Immer musste ein ausreichender Vorrat Trinkwasser an Bord sein, der sich in den Fässern freilich rasch verwandelte: vom frischen Trunk in den schalen Trank und schließlich in schiere Ekelbrühe. Zum Trinken war also Ersatz nötig, der weniger schnell verdarb: Alkohol, in verschiedenen Stärken, als Wein, Bier, Schnaps, Rum; in aller Regel mit viel Wasser verdünnt oder sowieso schwachprozentig.

Das immer stärkere Effizienzdenken an Land zwang nun im 19. Jahrhundert die Kaufleute und Reeder, auf längere Fahrtzeiten zu drängen – auch außerhalb der Saison –, dazu auf Trampfahrten, also das Fahren von Hafen zu Hafen mit immer neuer Ladung ohne klares Ziel. Wer Familie hatte, suchte sich jetzt lieber eine Arbeit an Land.

All das begünstigte die Entwicklung einer eigenen Schiffskultur, die Nichtseeleuten unverständlich war. Selbst Küstenbewohner wurden wesentlich weniger mit dem Bordleben, den Schiffern und ihren Gebräuchen, Erzählungen, Traditionen konfrontiert, und damit ergaben sich mehr Möglichkeiten zur Mythisierung, zur Romantisierung oder zur Verächtlichmachung. Dass Seeleute nach den neuen Gesetzen des Marktes gezwungen waren, auch an Sonntagen oder kirchlichen Feiertagen zu arbeiten, wurde ihnen als Gottlosigkeit ausgelegt. Dass sie ihr Wasser mit Branntwein oder Rum genießbar machten, verschaffte ihnen an Land den Ruf von Trinkern. Dass sie sich in fernen Ländern herumtrieben, oft keine Familie hatten oder sie lange allein ließen, stempelte sie zu verdächtig unbürgerlichen Menschen ab.

Das Leben der Seeleute mit ihren langen Fahrzeiten und der Beschränkung auf das enge, unentrinnbare Dasein an Bord war wirklich mit keinem Beruf zu vergleichen. Die harten Lebens- und Arbeitsbedingungen der Matrosen verstärkten im Heimathafen einen Ausbruch an Lebensgier. Genau das war der Moment, in dem der Bürger den Seemann üblicherweise wahrnahm: beim Amüsieren. Die verständlicherweise manchmal hemmungslose Vergnügungslust, die ja eine absolute Ausnahme im streng disziplinierten Seemannsleben darstellte, bestätigte die Vorurteile der bürgerlichen Gesellschaft. Die Literatur und der Film griffen das Klischee des trinkfesten Seemanns ebenfalls auf und zementierten damit die Vorstellung vom *drunken sailor*.

Jemanden kielholen

Die Strafe des Kielholens fürchteten Seeleute zu Recht, da es sich immer um ein lebensgefährliches Verfahren handelte. In der Grundform, die spätestens seit dem 16. Jahrhundert in Holland überliefert ist, wurde ein Seil quer unter dem Kiel hindurchgezogen, der Delinquent im netteren Fall mit Steinen oder Kanonenkugeln beschwert und an dem einen Seilende festgeknüpft. Dann warf man ihn über Bord und zerrte ihn unter dem Schiffsrumpf hindurch. Die Gefahr des Ertrinkens drohte genauso wie schwere Verletzungen durch den Anprall am Rumpf samt Schürfwunden, befanden sich doch häufig Muscheln unter dem Schiff. Eben deshalb unterwarf man dieses selbst dem Kielholen, womit man allerdings etwas anderes meinte, nämlich ein Schiff auf die Seite zu legen, um den Rumpf und den Kiel zu untersuchen, zu reparieren, zu reinigen.

Kiel legen

Was mit Kielholen bestraft wurde? Der deutsche Seefahrer Johann Jacob Saar erklärt es im 17. Jahrhundert: »Wer einen Officier schlägt oder den Schiff Capitain, der muß sonder Gnad dreymal unten durch das Schiff.«

Ganz und gar nichts hat die Redensart mit dem beliebten Ausdruck zu tun »etwas auf Kiel legen«, der sich längst fern der Werften findet. Seit alter Zeit begann der Bau des Schiffes damit, den Kiel zu legen. Jetzt konnte man sich schon vorstellen, wie lang es werden sollte. Der große Moment wurde gern gefeiert, und so spricht man noch heute davon, wenn irgendein Projekt aus der Planungs- in die Umsetzungsphase kommt, es werde jetzt auf Kiel gelegt.

In den Sack hauen

Weil man die Redensart ausschließlich in der Umgangssprache hört, und zwar als Ankündigung zu gehen, könnte man auf unangenehme Tiefschläge als Hintergrund schließen. Doch der Gehende sagt ja von sich selbst, er haue in den Sack. In der alten Gaunersprache hieß der Ausdruck so viel wie »die Arbeit im Stich lassen«, später dann allgemein »mit etwas aufhören« und »abhauen«. Das »hauen« könnte als scherzhafter Abschiedspuff gedeutet werden. Doch warum steht der Sack für die Arbeit?

Es hat damit zu tun, dass früher viele Arbeiter unterwegs waren, wobei sie ihr Hab und Gut mit sich führten. Das gilt für Seeleute bis heute, die aus Tradition den Seesack benutzen, wenn sie irgendwo anheuern, aber auch für wandernde Handwerker. Die hatten oft einen Sack mit Arbeitswerkzeugen, den sie beim Arbeitgeber in Verwahrung gaben, wenn sie eine Stelle antraten. Wurde so jemand in

den Sack bekommen

Ehren entlassen, bekam er den Sack zurück. »Den Sack bekommen« ist bei Seeleuten immer noch gebräuchlich als Ausdruck für »die Stelle verlieren«, »gekündigt werden«. Wenn sich ein Handwerker oder Arbeiter etwas zuschulden kommen ließ, konnte allerdings der Sack samt seinem Werkzeuginhalt verbrannt werden. In England, wo man ebenfalls sagt *he got the sack*, entstand daraus der Ausdruck *to fire*, der sich schön auf *to hire*, also »jemanden anheuern«, reimte. Als »heuern und feuern« ist der Ausdruck und die nicht sehr arbeitnehmerfreundliche Handlungsweise seit etwa dreißig Jahren auch bei uns heimisch geworden. Davor verwendete man »heuern« und vor allem »die Heuer« ausschließlich für die Seeleute und ihren Lohn.

Eine Seefahrt, die ist lustig.
Geflügeltes Wort, eine Liedzeile, die Seeleute nicht so gerne hören, ist doch hier die Vergnügungsreise gemeint.

Diejenigen, die ohne Zwieback in See stechen, kehren ohne Zähne heim.
Italien, Korsika und gesamteuropäisch. Schon in der Antike gebräuchlich. Haltbares Brot diente als verlässlicher Proviant. Man muss jedes Vorhaben gut vorbereiten.

Der hat nicht mehr zu sagen als ein Landkorporal auf See.
Schweden. Autorität auf einem Gebiet gilt auf einem anderen nichts.

Der ein Boot hat, muss nicht Zickzack am Strand gehen.
Norwegen. Wer das rechte Werkzeug hat, kommt auf schnellstem
Weg zum Ziel, braucht keine umständlichen Umwege zu gehen.

Ohne Kompass geht der Schiffer nicht ins Meer.
Fange jedes Unternehmen gut ausgerüstet an. Denke an das
Notwendige.

Besser kein Kompass als ein falscher.
Besser allein entscheiden als falsche Ratgeber fragen.

Steuern nach Ost und landen im West ist ein Missgeschick.
Norwegen. Spott über Unfähige oder Mitleid mit Irrenden.

Der Weg, den der Schiffer durchs Meer geht, lässt keine Spur.
Manches Tun scheint vergeblich, ist es aber nicht. Glücklich,
wer im Werk den Lohn findet.

He that would go to sea for pleasure would go to hell for a pastime.
Wer aus Vergnügen zur See fährt, fährt zur Hölle zum Zeitvertreib.
Seefahrt ist kein Kinderspiel. Über Tollkühne und Teufelsbraten.

West is de Hamborger er best, Ost is de Lübecker er Trost.
Die jeweils idealen Winde, um in den heimischen Hafen zu fahren.

Kannst du splissen und knoten, kannst ok priemen und roken.
Wer spleißen und knoten kann, kann auch Kautabak kauen und
rauchen. Wenn jemand seine Lehrjahre erfolgreich hinter sich
gebracht hat, darf er Männervergnügungen nachgehen.

He braadt sien Häring gern bi andermans Für.
Jemand nützt gerne andere aus für seine Zwecke.

Sien Häring braadt dor neet.
Dort wird er kein Glück haben oder willkommen sein.

Up Mord un Dodslag in Grönland!
Trinkspruch der Walfänger.

Snit dik nich, et is Hechtsuppe.
Ermahnung, vorsichtig zu sein, da die Hechtgräten
unangenehm spitz und scharf sein können.

Lange Reise, knurriges Volk.
Langes Zusammensein und lang dauernde Anstrengungen
führen zu Aggressionen und Streit.

Der Fisch fängt den Köder, aber die Angel fängt den Fisch.
Dänemark. Kleiner Vorteil bringt manchmal großen Nachteil.
Vorsicht und genaue Prüfung sind wichtig.

De Mussel is good Fis, wen dor anners nix is.
Die Muschel ist guter Fisch, wenn es sonst nichts gibt. Was es gibt,
soll man schätzen und sich nicht nach Abwesendem sehnen.

Is nix so ungewiss as 'n ungefangen Fis.
Auch: Ein Hering in der Pfanne ist besser als ein Thunfisch
in der See.
Irland. Ein Spatz in der Hand ist besser als die Taube auf dem Dach.

Wenn man sik an't Water sett't, löppt en ok mal'n Fisch to Nett.
Wenn man sich an das Wasser setzt, geht einem auch einmal
ein Fisch ins Netz. Geduld wird belohnt.

Ungefangen Fiske sünd neet goot to Diske.
Ungefangene Fische sind nicht gut zu Tische.
Luftschlösser und Hirngespinste machen niemanden satt.

Da, Katt, hest ok en Fisch.
Da, Katze, hast auch einen Fisch! Jeder soll etwas abbekommen.

De Fisch mag de Katt wol, se mag sik men blot de Föt nich natt maken.
Den Fisch wollte die Katze schon, sie möchte sich bloß die Füße
nicht nass machen. Schon in der Antike überliefert:
Felis amat pisces, sed aquas intrare recusat.

Der Hai lächelt auch beim Fressen

Mit Fisköhren tohörn.

Mit Fischohren zuhören, also überhaupt nicht.

De Buk mälken un inner Heide fisken, bringt nix in.

Den Bock melken und auf der Heide fischen bringt nichts ein.

Der Hai lächelt auch beim Fressen.

Einerseits: Keiner kann etwas für seine Natur. Andererseits:
Freundliche Miene heißt noch nicht freundliches Tun.

Eine Armada von Flaggschiffen entern

Redensarten und Sprichwörter
über Marine, Piraten und Seegefechte

Das Flaggschiff sein

Die *Victory* schmückte auch im Jahre 1805 ein besonderes Stück Stoff – die Admiralsflagge Horatio Nelsons. Sie bezeichnete das Schiff als Sitz des Stabes, und darüber hinaus war sie der Stolz des Flottenverbandes, den der Admiral führte. Sie war gleichzeitig das älteste Schiff des Verbands. 1765 wurde der knapp sechzig Meter lange und knapp sechzehn Meter breite Dreimaster der Marine übergeben. Die *Victory* erwies sich mit ihren bis zu sechzehntausend Quadratmetern Segelfläche als exzellent zu steuerndes und zu fahrendes Schiff, sodass man sie mit dem lobenden Spitznamen »die Kutsche« belegte. Über hundert Kanonen konnten abgefeuert werden, wofür fünfunddreißig Tonnen Pulver mitgeführt wurden. Achthundertfünfzig Mann drängten sich auf ihr, viele begeistert von ihrem Admiral, dessen Leutseligkeit, Offenheit und Zuverlässigkeit einen eigenen Führungsstil kreierten, der in der Folge *Nelson touch* genannt wurde. Nelson versuchte, seine Besatzung zu einer *band of brothers* zu vereinen.

Die Flagge präsentiert die *Victory* als Führungsschiff, der Admiral die Paradeuniform mit allen Orden. Der stolze Mann, der sich am 21. Oktober 1805 an Deck begibt, hat schon ein Auge und einen Arm in Gefechten für die königliche Marine geopfert. Angst zeigt er nicht. Dabei liegt ihm und seinem Flottenverband eine französisch-spanische Armada gegenüber. Deren Flaggschiff, die *Bucentaure* unter Admiral Pierre Charles de Villeneuve, gibt sich übrigens nicht zu erkennen. Es kommt trotzdem zwischen den Führungsschiffen zu einem erbitterten Kampf, in den auch die französische *Redoutable* eingreift. Aus ihren Masten heraus hat man freies Schussfeld auf die *Victory*. Ein Scharfschütze nutzt die Gunst der Stunde und trifft den wie eine prächtige Zielscheibe geschmückten britischen Admiral. Nelson wird unter Deck gebracht. Eine Behandlung ist sinnlos. Immerhin kann er noch die Nachricht vom Sieg bei Trafalgar anhören. Dann stirbt er gegen zwanzig vor fünf Uhr nachmittags. Man konserviert den Triumphator in einem Fass mit hochprozentigem Alkohol, manche sagen Brandy, manche Rum, der zwei Monate später auf seinem Flaggschiff in London eintrifft. Tot, siegreich und mit einer Fahne, wie sie wohl kein Seemann je hatte. Ob man die bei seiner öffentlichen Aufbahrung riechen konnte?

Flaggschiffe gab es in jeder Marine, und die leitenden Admiräle, die man auch Flaggoffiziere nannte, suchten sich meist die schönsten und stärksten Schiffe einer Flotte aus. Das war der Grund, warum der Ausdruck redensartlich wurde und sich für herausragende Fahrzeuge eines Autoherstellers einbürgerte. Seit Längerem können aber sogar Spitzenprodukte der unterschiedlichsten Art bis hin zu Fernsehsendungen als Flaggschiff einer Firma oder eines Senders bezeichnet werden. Ein Admiral – das Wort stammt übrigens aus dem Arabischen und kommt von *Emir* – ist da längst nicht mehr an Bord.

Ein Embargo verhängen

Ursprünglich kommt der Ausdruck aus Spanien, wo *embargo* »Beschlagnahme« und *embargar* »beschlagnahmen/behindern« bedeuten. Er bezog sich vor allem auf Schiffe, die beschlagnahmt wurden oder nicht mehr auslaufen durften, und wurde so schon im 18. Jahrhundert in Deutschland übernommen. Da der Seehandel besonders bedeutsam war und wirkungsvoll behindert werden konnte, erweiterte sich die Bedeutung von Embargo hin zu einer Seeblockade und dann zu einer allgemeinen Handelssperre gegen Staaten oder Staatenbündnisse.

Eine wahre Armada

Wenn von einer großen Menge die Rede ist, dann ist sie einer der beliebtesten Ausdrücke, ob es sich um Schauspieler, Journalisten, Substanzen, Vereine, Hotels, Scheinwerfer, Mannequins, bunte Behälter, Kleinbusse, Raumsonden oder kleine und große Schiffe handelt: die »wahre Armada«.

Kenner der Geschichte denken an 1588. Damals schickte König Philipp II. von Spanien hundertdreißig Kriegsschiffe mit etwa dreißigtausend Mann Besatzung und 2630 Kanonen los, um dem frechen England endgültig zu zeigen, wer die Meere beherrschte, und die feindliche protestantische Königin gleich mit einer Invasion vom Thron zu jagen. Man nannte die riesige Seestreitmacht in Spanien »die große und glücklichste Kriegsflotte« oder auch »die unbesiegbare Kriegsflotte«. Das glatte Gegenteil war der Fall. Naturgewalten und die englischen Kriegsschiffe fügten den Spaniern Verluste zu und verhinderten die Invasion sowie den Thronwechsel. Sieglos kehrte die Flotte heim.

Wenn die Seeschlachten im Ärmelkanal zwischen dem 31. Juli und dem 8. August 1588 auch nicht so entscheidend für den Niedergang Spaniens und den Aufstieg Englands waren, wie es häufig dargestellt wird, so handelte es sich doch um einen gewaltigen Prestigeverlust auf der einen und einen gewaltigen Prestigegewinn auf der anderen Seite. Die protestantische Christenheit sah in dem Seesieg ein Gottesurteil gegen die katholische Weltmacht Spanien. Viele Flugschriften, Flugblätter und Gedenkmünzen wurden europaweit unters Volk gebracht. Die Schlacht wurde zum Mythos. Er verbreitete sich erst recht mit den hoch beliebten historischen Seekriegs- und Piratenfilmen englisch-amerikanischer Prägung, die meist eine sehr einseitige David-gegen-Goliath-Geschichte daraus machten. Kein Wunder, dass sich in vielen Sprachen Begriffe wie »Armada« oder »eine wahre Armada« für eine gewaltige Flotte und dann überhaupt für alles Mögliche in großer Anzahl durchsetzten.

Dabei handelte es sich zuerst nur um einen Ausdruck, der europaweit bis ins 18. Jahrhundert hinein sowohl See- wie Landstreitkräfte bezeichnen konnte, wörtlich nur »bewaffnete Macht« bedeutete und sich peu à peu auf die Invasionsflotte von 1588 beschränkte. Natürlich nicht in Spanien, wo die Kriegsmarine bis heute – ohne besonders riesig zu sein – »Armada Española« heißt.

Eine Breitseite auf jemanden abfeuern

In Piraten- und Seekriegsfilmen der alten Zeit kommt die fürchterliche Breitseite viel häufiger vor als in den historischen Seeschlachten. Man bezeichnete damit das Abfeuern der Kanonen einer ganzen Schiffsseite auf einmal. In den meisten Fällen befanden sich die Geschütze ja in ihren Pforten hinter Schutzklappen. In der Schlacht konnte man aus ihnen nur im Winkel von neunzig Grad zur Schiffs-

volle Breitseite

wand feuern. Es gab gewisse Schwenkmöglichkeiten, doch ein Drehen um hundertachtzig Grad oder gar ein Transport auf die andere Schiffsseite war bei den unter Deck befindlichen Kanonen unmöglich. Legte es der Angreifer also darauf an, möglichst viele Kanonen zur selben Zeit auf ein feindliches Schiff abzufeuern, so versuchte der Gegner, möglichst wenig Angriffsfläche für möglichst wenige gegnerische Kanonen zu bieten. Kam es trotzdem zu einer Breitseite, so ergoss sich ein fürchterlicher horizontaler Geschosshagel aufs Ziel. Nicht selten flogen zwei Kugeln, die mit Ketten verbunden waren, aus den Geschützen, um damit die Takelage des Gegners zu zerreißen.

Es lag nahe, den Begriff der Seekriegsführung auf Redeschlachten oder Medienscharmützel zu übertragen. Hier »zeigt man die Breitseite«, wenn man jemandem drohen will – wie ein schussbereites Schlachtschiff –, oder man »feuert eine Breitseite auf jemanden ab«, schießt also nicht nur ein Argument, sondern gleich eine geballte Ladung derselben auf den Gegner ab.

Entern

Die Piratenfilmmode macht's möglich. Inzwischen entert man nicht nur feindliche Kriegsschiffe, sondern auch öffentliche Verkehrsmittel, konkurrierende Firmen und Diskotheken. Das Letztere passt insofern, als am Anfang das lateinische Wort *intrare* steht, das »eintreten« bedeutet. Über Spanien und die Niederlande kam es zu uns, wobei es sich bis vor Kurzem ausschließlich auf maritime Zusammenhänge bezog.

Meist kennt man den Seekampfausdruck für das Erobern eines Schiffes, das die Entermannschaft an Enterhaken heranzieht, es dann über Brücken oder – im Film äußerst beliebt – mithilfe schwingender Seile massenhaft betritt. Die Piraten von heute dagegen schießen Seile mit Enterhaken von ihren schnellen Schlauchbooten aus hinauf, die sich in der Reling verfangen sollen, wenn sie nicht gleich die Schiffe mit einem »Schuss vor den Bug« zum Anhalten und Herablassen eines Fallreeps oder etwas Ähnlichem zwingen. Daran können sie »aufentern«, was zur friedlichen Bedeutung überleitet. In der Segelschiffzeit war es der geläufige Ausdruck für die Kletterbewegung in der Takelage, in deren Seilsystem man gleichsam eintrat, wobei es das Auf- und das Niederentern gibt.

Eine flotte Flotte von Flößen flottmachen

Eine Lotte kann es sein, ein Dreier, ein Tanz und ein Spruch erst recht: flott! Kein Mensch hat dabei Salzluft im Sinn, und doch kennen alle Seefreunde den Ausdruck »ein Schiff flott bekommen«. Das bedeutet nicht, es rasch zu erhalten, sondern einem gestrandeten, auf Grund gelaufenen Schiff wieder zu freier Fahrt verhelfen. Im maritimen Bereich versteht denn auch jeder »flott« als »fahrbereit/unbehindert schwimmend«. Das Flottmachen oder Flottbekommen stellt die Bewegungsfreiheit des Schiffes wieder her und konnte sich deshalb in der allgemeinen Sprache einfach als Ausdruck für »munter«, »ungehemmt«, »rasch« und schließlich für »ansehnlich«, »schick« verbreiten.

Davon konnte beim gemeingermanischen Ursprungswort noch keine Rede sein, das sich als ungeheuer produktiv erweisen sollte. Im Altnordischen bezeichnet *flot* einfach etwas, das oben schwimmt, dann »fließen«, die »Bewegung« und »schwimmendes Fett«. Damit konnte das Wort für den auf der Milch schwimmenden Rahm verwendet werden, so im Dänischen, Schwedischen – dort auch für Schmalz – und im Niederdeutschen. Ein ziemlich andersartiges Gericht, das ebenfalls oben schwimmt, ist die Entengrütze, die man im Hochdeutschen auch als »Entenflott« bezeichnet. Wie der Rahm auf der Milch dümpelt Schwemmholz auf der Wasseroberfläche, das im Dänischen *flod* genannt wurde. Aus dieser instabilen Holzfläche kann man mithilfe einiger Riemen ein etwas plumpes, aber tragfähiges Wasserfahrzeug herstellen. Wenn man genügend *flod* hat, macht man ein Floß daraus. Das heißt dann in vielen Sprachen des Nordseeraums so oder sehr ähnlich. Wenn man jetzt noch erfährt, dass alle diese *flo*-Wörter sehr wahrscheinlich auf eine indoeuropäische Wurzel zurückgehen, die »fließen« benannte und auch zur Flut führte, dann verwundern die weiteren flott herzustellenden Beziehungen nicht sehr.

Die Flotte und die Flottille verdanken sich ebenfalls derselben Wurzel. Weil man das Floß als einen Holzverband ansehen konnte, lag es nahe, einige Schiffe, die gemeinsam operierten, so zu bezeichnen. Dabei kam es zu vielfältigen Beeinflussungen und Überlagerungen der germanischen und romanischen Sprachen, bei denen sich die Flottille als Spezialbegriff verselbstständigte. Ursprünglich eine Bezeichnung des Spanischen – *flotilla* für die schützende Begleitmacht der Silberschiffe aus Amerika –, entwickelte sich das Wort rasch von der Bedeutung »Handelsschiffverband mit Marinebegleitschutz«, also »Geleitzug«, zu unserer heutigen: »kleiner Verband einiger Militärschiffe«. Na, wenn das Ganze hier nicht eine flotte Wortflottille allererster Sahne ist! Aber vielleicht denken Sie, dass ich hier nur frei herumflottiere? Das gehört erst recht in den Zusammenhang, denn »flottieren« heißt »schwimmen« und »schweben«.

Etwas torpedieren

Jeder kennt das lähmende Gefühl, wenn schöne Projekte plötzlich absaufen, weil neidische Kollegen, fantasielose Vorgesetzte oder listige Konkurrenten sie torpediert haben. Zwischen Lähmung und Torpedo gibt es einen indirekten Zusammenhang, denn ein Zitterrochen verbirgt sich hinter dem Marineausdruck.

Torpedos sehen aus wie riesige Zigarren, tragen in der Regel vorne einen Sprengkopf und hinten zwei sich gegenläufig drehende Schrauben, die sie antreiben, wobei seit einiger Zeit auch raketenbetriebene Varianten im Einsatz sind. Das Perfide an der Waffe ist, dass sie – beispielsweise von einem U-Boot abgefeuert – unbemerkt unter Wasser aufs Ziel zuläuft und plötzlich einschlägt. Man beurteilte das Torpedieren in den Marinen früherer Zeiten als unfaires, heimtückisches Vorgehen. Daher kommt auch der vorwurfsvolle Klang der Redensart bis heute.

Spanische Erfinder kamen auf den Namen. Sie nannten Unterwassersprengkörper nach dem Zitterrochen, der mit Stromstößen seine Beute lähmt, denn genauso überraschend wie der tierische Elektrojäger wollten auch sie die Gegner treffen. Der Zitterrochen hieß im Spanischen noch genauso wie schon im Lateinischen, und zwar nach dem Wort für Lähmung: *torpedo*.

Robert Fulton übernahm 1805 den Ausdruck für – noch nicht angetriebene – Unterwasser-Sprengminen, und so lag es nahe, die Bezeichnung auch für die schlanken, tödlichen, selbst laufenden Langzylinder zu übernehmen, die Giovanni Luppis 1860 zum ersten Mal präsentierte.

Ein Schuss vor den Bug

Das ist eine entschiedene, manchmal eine letzte und jedenfalls sehr ernst zu nehmende Warnung, eine klare Aufforderung, anzuhalten.

Bis heute ist die Tradition lebendig, einem Schiff mit dem Schuss vor den Bug eindeutig zu signalisieren, dass es zu stoppen, sich zu ergeben oder zumindest abzudrehen habe. Man demonstriert mit dem Schuss vor den Bug, dass die eigenen Geschütze zielgenau und weitreichend genug sind, das gegnerische Schiff in den Grund zu bohren, wenn es sich weigert. Die adäquate Antwort ist seit je das Beidrehen, das Hissen einer weißen Fahne, das redensartlich gewordene Streichen, also Reffen der Segel, das Stoppen der Maschinen.

Piraten verwendeten das Waffensignal, das außerdem im offiziellen Handelskrieg zum Einsatz kam, wenn man Frachtschiffe durchsuchen und die Ladung kontrollieren wollte. Genauso setzen es die Kriegsmarinen der Welt in der Abwehr von Piraten ein, denen die überlegene Feuerkraft eindrucksvoll bewiesen werden soll.

Der Bug eines Schiffes wurde übrigens in Anlehnung an die geläufige Bezeichnung für die Schulter beziehungsweise das Schulterstück von Pferd, Rind, aber auch des Menschen so genannt. Er entspricht ja in gewisser Weise dieser Partie. Im Englischen heißt das ebenfalls redensartlich gewordene – Signal *a shot across the bows.* In diesem Fall schießt man also über den Bug hinweg, was noch eindrucksvoller sein dürfte.

Kapern, Kaperfahrt, Freibeuter, Pirat

Hier beschwert sich jemand über die Freibeutermethoden des Finanzamtes, dort hat jemand die Google-Server gekapert, und die Piratenpartei gewinnt bei Wahlen erstaunlich viele Stimmen. Natürlich denkt man bei alledem an Seeräuberei und ist grundsätzlich auf der richtigen Spur.

Gleichwohl zählte sich beileibe nicht jeder, der ein anderes Schiff angriff, enterte und in Schlepptau nahm, als Pirat. Wenn eine türkische Galeere ein christliches Fahrzeug aufbrachte, fanden das alle Anhänger des Propheten rechtmäßig. Genauso sah es umgekehrt aus. Dann gab es noch diejenigen, die mit offiziellen Kaperbriefen ausgestattet waren. Die staatlichen Dokumente erlaubten den privaten bewaffneten Fahrzeugen, die deshalb auch einfach »Kaper« hießen, sich feindlicher Schiffe zu bemächtigen. Obwohl das Wort auf das Niederländische zurückging, wo es »Seeräuber« und »Freibeuterschiff« bedeutete, handelte es sich bei den Kaperern und ihrem Kapern also keineswegs um Gesetzlose. Im Gegensatz dazu bezeichnete man bewaffnete Privatschiffe ohne Kaperbrief als »Freibeuter« und meinte damit oft gleich insgesamt die Piraten und Seeräuber. Wieder standen die Niederländer sprachlich Pate, denn sie nannten Soldaten, die auf eigene Rechnung kämpften und deshalb ihre Beute für sich behalten durften, *vrijbuiter*. Das übertrug man rasch auf die maritime Sphäre. Da man offizielle Erlaubnisscheine gelegentlich aber auch als »Freibrief« bezeichnete, ergab sich im Deutschen eine Grauzone, sodass man zwischen Kaperern und Freibeutern nicht immer genau unterschied. Das war auf See über Jahrhunderte sowieso schwer genug. Der berühmte Francis Drake fuhr als Pirat im königlichen Auftrag über die Meere. Das war ein Widerspruch in sich und doch Realität. Die karibischen Seeräuberkollegen, die Drake gut kannte, nannte man englisch *filibuster*, französisch *flibustiers* und spanisch *filibuste-*

ros. Alle drei Bezeichnungen verdanken sich mit allerlei Zwischenstufen wiederum dem niederländischen *vrijbuiter*.

Bleibt noch der Pirat selbst. Das Wort kommt aus dem Griechischen, wo *peiran* so viel wie »versuchen, angreifen, überfallen« heißt und bald in der Form *peirates* zu einem Spezialwort der Antike für den Seeräuber wurde. Über das italienische *pirata* kam das Wort zu uns. Schon zu Caesars und Pompeius' Zeiten konnte man schwer entscheiden, ob es sich bei den Piraten um Gesetzlose oder um Kriegsgegner handelte.

Die Literatur sorgte seit dem 17., der Film seit dem 20. Jahrhundert dafür, aus den Seeräubern mythische Gestalten zu machen. Wie erfolgreich sie waren, sieht man auf Hosenträgern, Mützen, Schuhen und Slips, die seit einigen Jahren mit einer Fülle von Totenköpfen geziert sind: dem Piratensymbol schlechthin.

Unter falscher Flagge segeln

Das britische Dampfschiff *Horngarth* sieht von Weitem den hübschen Dreimaster auf sich zusegeln. Der Atlantik gibt sich friedlich, und obwohl Krieg herrscht, man schreibt den 11. März 1917, macht man sich keine großen Sorgen über die Schiffsbegegnung auf hoher See. Sicherheitshalber überprüft man mit dem Fernglas den Segler. Nichts an ihm fällt besonders auf. Ein paar höhere Aufbauten an Deck sind wohl Schweineställe. Doch da, auf einmal tritt eine blonde Frau in weißem Kleid an die Reling. Auf der *Horngarth* entspannt sich alles, und man hält Kurs, der dicht an den Segler heranführt.

Plötzlich steigt am Mast die deutsche Reichskriegsflagge. Es fallen die Wände der Verschläge. Zwei Geschütze für 10,5-cm-Granaten kommen zum Vorschein. Eines feuert einen Schuss vor den Bug. Der britische Kapitän vertraut noch auf seine höhere Geschwindigkeit und wendet sich zur Flucht. Ein weiterer Schuss trifft die Aufbauten der *Horngarth*. Ein Mann stirbt. Der Dampfer ergibt sich dem Segler. Alle Mann werden an Bord genommen, wertvolle Ladung außerdem, die *Horngarth* wird leck gesprengt.

Es sollte nicht das einzige Mal sein, dass der deutsche Hilfskreuzer *Seeadler* unter seinem Kapitän Felix Graf Luckner seine Gegner übertölpeln konnte, aber das einzige Mal, dass ein Mensch dabei starb. Drei Dampfer und zwölf Segler mit knapp 30 000 BRT versenkte man in acht Monaten anachronistischer Kaperfahrt. Die Gefangenen behandelte man korrekt, ja respektvoll, was viel zum Mythos um die *Seeadler* und ihren Kapitän beitrug.

Für ihren Erfolg waren zwei Dinge entscheidend. Erstens unterschätzte man im Ersten Weltkrieg, als Kriegsschiffe, aber auch Luxusliner längst mit über zwanzig Knoten durchs Meer pflügen konnten, die alten Segler. Zweitens nützte »Seeteufel« Graf Luckner den alten Trick, »unter falscher Flagge zu fahren«. Er hatte ihn natürlich nicht erfunden, aber er wurde damit besonders berühmt, weil er jahrzehntelang seine Geschichte aufs Beste zu vermarkten verstand. Dass die *Seeadler* selbst ein gekapertes Schiff war, passte ausgezeichnet dazu.

Seit man Flaggen als Kennzeichen für Schiffe verwendete, um die Zugehörigkeit zu einer Handelsorganisation, zu einem Land, zur Handels- oder Kriegsflotte zu zeigen, trieb man auch Schindluder damit. Es galt grundsätzlich als mutig, »Flagge zu zeigen« und damit klar erkennbar für seine Sache einzustehen, was denn auch redensartlich wurde. Im Krieg und unter Piraten dagegen hätte man dumm gehandelt, seine Gegner oder seine Beute zu früh auf seine wahren Absichten aufmerksam zu machen. Erst im letzten Moment hisste man die Kriegsflagge oder den Jolly Roger, also die Piratenflagge. Damit wollte man natürlich auch die Opfer erschrecken, was sehr oft gelang. Die Praxis wurde ohne Zweifel international über Jahrhunder-

te immer wieder angewendet, und so sagt man im Englischen ebenfalls: *sailing under false colours*. Das Gegenteil sind die *true colours*, die
nicht umsonst auch für das Wesen eines Menschen stehen können;
wie in Cyndi Laupers gleichnamigem, höchst erfolgreichem Song.

Ob man heute das Fahren oder Segeln unter falscher Flagge als
unverschämte Täuschung oder als legitime Strategie betrachtet, ent-
scheidet sich von Fall zu Fall; genau wie in den alten Zeiten der Ka-
perkriege.

Ein guter Admiral kümmert sich auch um die Mäuse auf seinem Schiff.

Es soll einem, erst recht als Verantwortlichem, kein Ding zu gering
erscheinen. Schließlich könnte viel auch daran scheitern.

Ein guter Admiral

Die Existenz der See bedeutet die Existenz von Piraten.

Malaysia. Es wird immer Seeräuber geben. Gelegenheit macht Diebe.

Wenn der Pirat betet, versteck dein Silber.

England. Einerseits: Nimm dich vor Verbrechern in Acht, egal, was sie tun. Andererseits: Beurteile Menschen nach ihrem Wesen, nicht nach ihrem Gebaren.

Dem Korsaren anderthalb Korsaren!

Dem Draufgänger soll man noch draufgängerischer begegnen.

Der Besen ist am Mast, um die See zu fegen.

Der Besen war ein Zeichen fürs Gefecht. Frederic E. Weatherlys Gedicht über den holländischen Admiral Cornelius van Tromp, das als Lied beliebt wurde, machte den Spruch auch in England populär. Van Tromp hatte einen Besen als Spott gegen die Engländer und persönliches Wahrzeichen verwendet, denn er wollte die See von ihnen säubern. Der Gegner, Admiral Robert Blake, hatte übrigens eine Peitsche als Zeichen am Mast. Das Sprichwort bedeutet also: Wenn die Schlacht beginnt, muss man kämpfen.

Ein Kriegsschiff und ein Galgen lehnen niemanden ab.

Da früher extrem viele Menschen auf Kriegsschiffen starben, nahm man alle ohne Ausnahme an oder presste sie zum Dienst. Der Galgen machte auch keinen Unterschied.

De admiraal heeft geschoten.

Holländisch. Der Admiral hat geschossen. Das war das Zeichen zum Angriff. Bei allen möglichen Gelegenheiten sagte man es, um zu betonen, dass es nun los- oder zur Sache gehe.

Seeräuber fahren nicht nach dem Gesetz.

Island. Man soll von Verbrechern kein Recht erwarten. Man konnte damit auch die Wahrung des eigenen Vorteils ironisch kommentieren.

Woher der Wind auch weht, daher erwartet der Seeräuber seinen Gewinn.

Island. Seeräuber und Gierige nutzen jede Gelegenheit.

Zwischen Kaperschiffen segeln.

Sich in Gefahr befinden.

Seeräuber gegen Seeräuber, da nimmt man sich nur die Fässer.

Eine Krähe hackt der anderen kein Auge aus.

Besser einem Landräuber als einem Seeräuber in die Hände fallen.

Seeräuber galten als besonders brutal. Die Gefahr, einfach über Bord geworfen zu werden, war groß.

Piraten verlassen das sinkende Schiff.

Wortspiel mit den Ratten. In der Regel schleppten Piraten ihre Beute lieber ab oder bemannten sie neu.

Krieg, Handel und Piraterie / Dreieinig sind sie, nicht zu trennen.
Mephisto in Johann Wolfgang Goethes *Faust II*. In allen drei Fällen geht es um Vorteilsnahme, meist rücksichtsloser Art. Oft ließ es sich schwer unterscheiden, wo Krieg in Kaperfahrt oder gar in Handel überging.

Öl auf die Wogen oder SOS?

Redensarten und Sprichwörter
über Seenot und Seegefahren

Öl auf die Wogen oder ins Feuer?

Die Küste lag nah, aber der schreckliche Seegang ließ schon das Ausbringen der Rettungsboote als Himmelfahrtskommando erscheinen. Schweren Herzens befahl der Kapitän: »Holt das Öl an Deck!« Die Fahrt war erfolgreich gewesen, und so lagerten Hunderte Fässer mit Waltran im Laderaum. »Über Bord damit, aber erst, wenn alle zehn Fässer nebeneinander sind. So, auf mein Zeichen. Jetzt!« Genau gleichzeitig schlugen die zehn Männer die zehn Fässer auf. Ein schmieriger, schwerer Ölfilm legte sich auf die wilden Wogen und breitete sich immer weiter aus. Ob es nun tatsächlich das Öl war oder der Sturm etwas nachgelassen hatte, plötzlich erschien der Seegang erträglicher. Rasch ließ man die Rettungsboote zu Wasser und ruderte, so gut es eben gehen wollte, ans nahe Ufer.

So und ähnlich hat es sich oft abgespielt, wenn Schiffe in Not gerieten und Öl an Bord hatten. Seit der Antike nämlich überlieferte man dessen mildernde Wirkung auf die Wogen. Ohne Frage besitzt Öl eine wesentlich höhere Oberflächenspannung als Wasser. Ob aber wirklich ausreichende Mengen an Bord waren, um nachhaltig die Wellenhöhe zu verringern? Der Redensart war es egal, ob der Trick wirklich funktionierte. Sie verbreitete sich und hält sich trotz des Umweltschutzgedankens und trotz harter Konkurrenz, die genau das Gegenteil besagt.

»Öl ins Feuer gießen« hört man viel öfter als »Öl auf die Wogen gießen«. Die Ursache liegt auf der Hand, denn mit Öl betrieb man seit dem 19. Jahrhundert die Petroleumlampen. Jeder kannte das brennbare Produkt, sodass der Widersinn dieser Tat jeden überzeugte. Doch auch die Tradition dieser Redensart geht auf die der Antike zurück, steht doch schon bei Horaz: *Oleum addere camino.* Deshalb findet man die Redensart in vielen europäischen Sprachen bis hin zu David Bowies noch etwas brisanterer Formulierung: *I've putting out fire with gasoline.*

SOS senden

Die Dringlichkeit der drei Buchstaben versteht jeder. Deshalb nutzte sie auch der Gründer der SOS-Kinderdörfer Hermann Gmeiner 1949 für seinen guten Zweck. Er wollte unmittelbar deutlich machen, wie notwendig die Hilfe für Kriegs- und andere Waisen war.

Obwohl die Buchstaben nicht nur auf den Seeeinsatz beschränkt waren, kamen sie doch von dort. 1906 wurde in Berlin ein international einheitliches Notrufmorsezeichen vereinbart, das spätestens 1912 von allen Seefahrtsnationen anerkannt und verwendet wurde. Wer ein SOS empfängt, ist zur Hilfeleistung und Weitergabe des Notrufs verpflichtet. Gleichzeitig ist der Missbrauch strafbar. Die Folge der drei kurzen (S), drei langen (O), drei kurzen Morsezeichen (S) ohne Unterbrechung wählte man wohl deshalb, weil sie selbst für Ungeübte rasch und klar identifizierbar und zu senden war. Um sie sich sofort merken zu können, löste man sie in den englischen Satz auf: *safe our souls.*

Grundsätzlich ist die Zeit des SOS vorbei, denn das *Global Maritime Distress Safety System* soll alle Notfälle in bestmöglicher Weise betreuen und optimale Rettungsmaßnahmen einleiten, gleichwohl verwenden Menschen in Not die drei Buchstaben immer wieder, um auf ihre verzweifelte Lage aufmerksam zu machen.

Natürlich sorgten dramatische Berichte, Bücher und Filme dafür, dass sich SOS auch redensartlich für weniger gefährliche Situationen einbürgerte. Beispielsweise für die Konzertbühnen der Welt, auf denen die Popgruppe ABBA sang: *So when you near me, darling can't you hear me, SOS. The love you gave me, nothing else can save me, SOS*. Na, hoffentlich hat Darling sein Funkgerät auf Empfang gestellt.

Kein Land sehen

Das Schiff auf hoher See ist vielen Gefahren ausgesetzt. Wie erlösend und Hoffnung weckend also nach langer Zeit des reinen Wasserhorizonts der Ruf: »Land in Sicht!« Von hier stammt die Redensart »Land sehen« beziehungsweise »kein Land sehen«. Im zweiten Fall gibt es keine positiven Aussichten, nichts, das wenigstens einem Hoffnungsstreif gliche. Im ersten Fall dagegen macht sich Zuversicht breit, dass man etwas schaffen kann, so wie bei den Seeleuten Hoffnung wuchs, heil in den Hafen zu kommen oder zumindest nicht auf hoher See Schiffbruch zu erleiden. In den Zusammenhang passt ein Brief Johann Wolfgang von Goethes an Karl Friedrich von Reinhard, den er am 7. September 1831 schrieb: »Als Poet denk ich immer, dass aufs stranden sich landen reime – und somit Gott befohlen.«

Wenn man das Land sieht, wächst die Wahrscheinlichkeit, dass man Land gewinnen wird, sich also vom trügerischen Wasser auf das feste Land, das Festland eben, retten kann. Deshalb bedeutete der Ausdruck früher und manchmal heute noch: »eine Basis gewin-

Land sehen

nen«, »eine gute Grundlage, von der aus man weitermachen kann«. Scherzhaft übertrug man die Redensart auf andere Gelegenheiten. Dann sagte man: »Sieh zu, dass du Land gewinnst!« Damit meinte man, dass jemand sich davonmachen solle, Land zwischen sich und den Sprecher bringen, am besten sogar Landstriche.

Hatte ein Schiff kein Land gewonnen und war gescheitert, dann schwammen die Ladung und mancher Besitz der Mannschaft auf den Wellen. Nach verbreitetem Strandrecht durften die Küstenbewohner alles Angetriebene für sich behalten. Trieb etwas in der Nähe vorbei, half man schon einmal mit langen Stangen oder Seilen nach, um es »an Land zu ziehen«. Diese rechtlich bedenkliche Tätigkeit verbreitete sich in der Redensart mit einem zweideutigen Sinn. Wenn man sagt, einer habe »etwas an Land gezogen«, dann kommt es auf den Ton an, ob damit Bewunderung oder ein Vorwurf ausgedrückt werden soll.

An manchen Orten gehörte das Strandgut dem König, allerdings nur bis zu einer gewissen Größe, die das schöne Sprichwort beschrieb: »Ein kleinerer Fisch als ein Stör ist kein Wrack.«

Havarie

Inzwischen können auch Flugzeuge, der Schnellzug unter dem Ärmelkanal, Lastkraftwagen, Heizungssysteme und Kraftwerke eine Havarie erleiden oder havarieren. Es gibt sogar einen »Havarie-Markt«, in dem man außer Restposten und Überproduktion auch beschädigte Ware zu Billigstpreisen erwerben kann.

Das hätten sich die alten Araber nicht träumen lassen, von denen der inzwischen redensartlich gewordene Ausdruck stammt. *Awariya* hieß »durch Wasser beschädigte Ware« und entstand aus *awwara*, das »beschädigen« und »verderben« hieß. Die engen Handels- und Kriegsbeziehungen im hohen Mittelalter sorgten dafür, dass der Ausdruck ins Italienische gelangte, wo man ihn um 1300 schon nachweisen kann. Über das Französische und Niederländische kam der Begriff zu uns. Da hatte er sich schon an das holländische Wort *haven* angeglichen, mit dem er nichts zu tun hat. Man schrieb es mal mit f, mal mit v, gern auch mit y, also *haverye*.

Warum die Bedeutung des Ausdrucks, der sich erst auf Transportkosten und Gebühren, dann auf die Seeschäden bezog, auf Landfahrzeuge, Maschinen und Einrichtungen ausgeweitet wurde? Es liegt wohl an der Tendenz, alles dramatischer und größer, einfach superlativisch zu formulieren. Ein Schiffsunglück war ja fast immer schrecklich und hatte sehr oft gewaltige Folgen. So eignete sich die Havarie dazu, aus Schäden aller Art eine Sensation zu machen.

Schiffbruch erleiden *oder* Vor Anker gehen

Der Ausdruck »Schiffbruch erleiden« erfreute sich in der Antike größter Beliebtheit, und beliebt blieb er bis heute. Warum? Das menschliche Leben erschien einer Schiffsreise vergleichbar, weil es so unsicher, gefährlich und wechselhaft verlief. So sagte man: »Des Menschen Leben ist ein Meer mit Finsternis, Gefahren, Sturm und Wetter.« Oder: »Des Menschen Leben ist ein Schiff; wenn es über das Meer hinüber ist, sieht niemand den Weg, den es geschnitten.« Manchmal sah man aber auch den Leib des Menschen als Schiff. Seine Pläne und Projekte verglich man erst recht mit Schiffen, die ein Kaufmann in die Welt hinausschickt, ohne zu wissen, welches nach glücklicher Fahrt zurückkommen, welches scheitern und Schiffbruch erleiden wird.

Die Bibel und die christliche Religion kannten und unterstützten die Vorstellung. Schon Jesus fährt mit Schiffen auf dem See Ge-

vor Anker gehen

nezareth, und er stillt den Sturm, sodass es nicht zum Schiffbruch kommt. Dem Apostel Paulus steht solche Macht nicht zur Verfügung, weshalb sein Schiff, das ihn zum Prozess nach Rom bringen soll, untergeht; die Menschen drauf freilich retten sich.

Besonders eindrucksvoll findet sich das Bild vom Scheitern auf See in übertragener Bedeutung im 1. Brief des Timotheus, Kapitel 1, Vers 19, wo es über Timotheus heißt: »Und habest den Glauben und gut Gewissen, welches einige von sich gestoßen und am Glauben Schiffbruch erlitten haben.« Der Schiffbruch ist übrigens ganz wörtlich zu verstehen als ein Zerbrechen des Schiffes in seine Einzelteile. Das ist genau das, was das Wort »scheitern« bedeutet, denn es heißt »in Scheite sich auflösen«, also in abgespaltene Holzstücke. Das Beispiel des Timotheus-Briefes machte jedem Gläubigen deutlich, wie passend man Schiff und Klippen durch Mensch oder Leben und widrige oder herausfordernde Einflüsse ersetzen konnte. Das Lateinische kannte das gleiche Sprachbild wie das Deutsche, denn *naufragium* kommt von *navis*, »das Schiff«, und *frangere*, das »brechen« heißt. Wie schrieb schon vor zweitausend Jahren der geniale Petronius: *Si bene calculum ponas, ubique naufragium est,* also: »Wenn du richtig rechnest, gibt es überall Schiffbruch.« Das überzeugt angesichts verbreiteten Elends ebenso wie eine andere römische Weisheit: *Commune naufragium dulce.* Das könnte man so übersetzen: »Allgemeiner Schiffbruch ist süß.« Eben weil es allen schlecht geht, quält niemanden Neid. Das Sprachbild vom Schiffbruch lockte denn auch bis heute zahllose bildliche Darstellungen hervor, die oft das Schiff ganz sinnfällig in der Mitte auseinanderbrechend darstellen.

Viele christliche Theologen und Lieder verglichen außerdem die Kirche oder die christliche Gemeinschaft mit einem Schiff. Kirchenkritiker nahmen es gleichfalls auf. Friedrich Schiller schrieb: »Philipp der zweite ließ das Schiff der römischen Kirche auf einer Flut von Menschenblut treiben.« Ob wegen der Schiffsmetapher zahlreiche unserer typischen Kirchenbauten selbst einem Schiff gleichen? Allerdings einem, dessen Rumpf auf der Reling liegt, dessen Kiel emporragt. Das Innere bezeichnet man sehr lange schon als Kirchenschiff, das oft dazu Seitenschiffe links und rechts des Mittelschiffs besitzt. Warum das so ist? In der lateinischen Antike nannte man den Kirchenraum zwischen den Pfeilern *navis*, also Schiff. Das könnte auf den übertragenen Sinn der Kirche als Rettungsboot in der Sündenflut zurückgehen. Es könnte sich aber auch um eine Verwechslung handeln, denn im Altgriechischen gab es für den Bereich der Tempel, in dem sich das Götterbild befand, die Bezeichnung *naós*, was ursprünglich einmal nur »Wohnung« bedeutete. Als Fachbegriff des Tempels stand es für die Wohnung eines Gottes auf Erden. Doch *naós* konnte auch »Schiff« heißen, woraus sich *navis* entwickelte.

Ganz genau wird man es nicht mehr herausbekommen, aber vieles erinnert in Kirchen tatsächlich an ein Schiff, nicht nur die längliche, sich im Chor wie ein Bug verschlankende Form. Sobald es Kirchenbänke gab, ähnelten Kirchenschiffe sogar Betgaleeren mit Ruderbänken links und rechts. Im Norden entstanden die imposanten Stabkirchen in einem ähnlichen genialen Holzbauverfahren wie die Wikingerschiffe. Und nicht nur in Schifferkirchen befinden sich eindrucksvolle Schiffskanzeln. In Bayern rühmt man sich besonders des prächtigen Exemplars im Kloster Irrsee. Ein richtiger Rumpf ragt da ins Kirchenschiff, eine goldene Galionsfigur am Bug vorneweg, goldene Engelein arbeiten sich in den Wanten und auf der Rah ab oder halten im Mastkorb Ausschau. Doch die Schiffskanzeln finden sich noch in vielen weiteren Kirchen. Jesus selbst nutzte nämlich das Schiff als Lehrkanzel, wie es im Evangelium nach Lukas, Kapitel 5, Vers 3 beschrieben wird. Weil zu viel Gläubigengedränge am See Genezareth herrschte, bestieg Jesus das Schiff des Simon, befahl ihm, ein Stück auf den See zu fahren, »und lehrte das Volk aus dem Schiff«.

Auch ohne eine Schiffskanzel finden sich in vielen Kirchen gemalte, aus Stein oder Metall geformte Anker. Seit der Antike betrachtete die Christenheit den Halt gebenden Alltagsgegenstand der Seeleute als Symbol der Hoffnung und der Rettung. Unser Wort Anker geht auf das altgriechische Wort für die gleiche Sache zurück: *agkyra* – gesprochen »ankǖra«. In nördlichen Ländern benutzte man statt des hakenbewehrten Eisenankers lange Zeit Steine an Leinen, die *senkil* oder *senkilsteine* hießen. Von den Römern übernahm man mit der Sache dann das Wort *ancora*, das sich in den europäischen Sprachen einbürgerte. Im christlichen Umfeld bezeichnete man Christus und den Glauben als Anker oder Rettungsanker der Seele oder des Gläubigen. Die Begeisterung für die Seefahrt und die Literatur darüber verbreitete die Ausdrücke umso mehr. Deshalb denkt sich seit damals kaum jemand etwas dabei, wenn jemand tief im Land und weit entfernt von jeglichen Schiffen sagt, er werde mal »vor Anker gehen«, »den Anker werfen«, noch ein wenig »vor Anker liegen« oder »den Anker lichten«. Warum man ihn »lichtet«? Weil man ihn ans Tageslicht zieht? Nein, es handelt sich um ein ursprünglich plattdeutsches Wort, das »hochheben« und »lüften« bedeutet.

Hohe Wellen schlagen

Schon die kabbelige See hat es in sich. Wie gefährlich selbst kleinere Wellen sein können, habe ich als Schwimmer im Pazifik am eigenen Leibe erfahren, als sie mich umwarfen. Ich geriet dadurch in eine kräftige Strömung, aus der mich zum Glück zwei Surfer retteten.

Wenn »die Wellen hoch gehen«, dann gefährden sie das Leben derjenigen, die sich auf dem Meer befinden, manchmal auch das der Küstenbewohner, wie spätestens seit der Tsunami-Katastrophe 2004 jeder weiß. Sie tötete Hunderttausende und verwüstete Inseln, Küsten und weite Landesteile. Die »Hafenwelle«, wie das japanische Wort auf Deutsch heißt, wurde erst damals zu einer Redensart bei uns, die immer dann verwendet wird, wenn etwas einen mächtig überflutet. Besonders verbreitet ist der »Gefühlstsunami«, der einen mitreißt, überwältigt oder überschwemmt, ob es um Tennistriumphe, Präsidentenbesuche oder Liebesgeschichten geht. Liebes- und Hasstsunamis gibt es nun, wobei sich das japanische Wort als Steigerung der alten Formulierungen »eine Welle der Gewalt«, »eine Welle der Liebe«, die etwas überschwemmt, förmlich anbot.

Die Meeresbewegung an sich drängte sich für viele Bereiche auf, weil ihre Kraft und Unberechenbarkeit beunruhigte. Darin ähnelte sie der Macht der Gefühle. Aber auch eine große Menschenmenge sieht mit etwas Abstand aus wie ein wogendes Meer aus Leibern. Je emotionaler sich die Masse verhält, umso höher schlagen die Wellen dieser Leiber, umso leichter kann es zu einer »Welle der Gewalt« kommen.

Von jemandem, der in einer Diskussion von allen Seiten angegriffen wird oder dessen finanzielle Situation plötzlich gefährlich wird, sagt man, »er gerät in heftigen Seegang«. Angenehmer ist es, wenn sich »die Wogen glätten« und man in »ruhiges Fahrwasser« kommt.

Dem Grund auf den Grund gehen

Der Dichter Vergil formulierte im alten Rom: *Felix, qui potuit rerum cognoscere causas.* Auf Deutsch übersetzt man es gern mit: »Glücklich, wer den Dingen auf den Grund gehen kann.« Davon abgesehen, dass es sich hierbei schon um eine recht freie Interpretation handelt, wären viele wohl froh, sie könnten dem Wort »Grund« so richtig »auf den Grund gehen«. Goethe spielt mit den verwirrend vielen Bedeutungen virtuos: »Wenn man selbst Grund gefunden hat und Grund sucht, so ist es höchst erfreulich, mit einem auf eignem Grund und Boden gegründeten Manne hin und wider zu sprechen.«

Das uralte Wort ist in seiner Entwicklung nur schwer zu fassen. Es schillert in zahlreichen ganz konkreten und sehr abstrakten Bedeutungen, doch im Grunde genommen geht es wohl doch zurück auf den Meeresgrund und die Meerestiefe. Jedenfalls finden sich zahlreiche und sehr alte Belege dafür. Erst danach übertrug man es wahrscheinlich auch auf den Boden anderer Gewässer und auf den Erdboden. Selbst unser Wort vom Sterben und Enden: »etwas geht zugrunde«, hieß ursprünglich »im Wasser untersinken«, »ertrinken« und war eine leicht verhüllende Redensart, da der Tod nur indirekt angesprochen wurde. Man sagte früher übrigens *der* Grund und *die* Grund. Weil sich Grund manchmal ganz knapp unter der Wasseroberfläche befinden konnte, bezeichnete man damit auch die Untiefe und das Flachwasser der Küste. So konnte man ein Schiff nicht nur »in den Grund bohren« – das sagte man, wenn man es in der Schlacht versenkte, manchmal aber auch, wenn jemand es fahrlässig zum Untergang brachte –, sondern auch »es auf Grund setzen«. Damit wurde ein Schiff manchmal zerstört, doch oft diente es durchaus als Rettungsmaßnahme in Notlagen. Im besten Fall saß man nur fest, ohne dass der Rumpf beschädigt wurde. Die Besatzung konnte sich dann an Land retten oder das Schiff überprüfen, reparieren, um

es dann wieder flottzukriegen. Etwas ganz anderes ist es, wenn jemand »einen auflaufen lässt«. Dann sorgt er dafür, dass einer mit seinem Schiff auf ein Riff aufläuft, auf eine Untiefe, auf Klippen, die er lieber umschifft hätte. Kein Wunder, dass die Redensart ein sehr unfreundliches Verhalten charakterisiert.

Wer jedenfalls »einer Sache auf den Grund gekommen« war, der hatte sie ursprünglich ergründet, hatte mit dem Senkblei ihre Tiefe ermessen und wusste das für die Seefahrt Wichtigste. Damit lag die abstrakte Bedeutung »Wesen einer Sache« nahe, denn man stellte sich vor, dass man etwas bis auf seinen Boden hin ermessen hatte und damit selbst über die verborgenen Dinge unter der Oberfläche Bescheid wusste.

Wer nun dem Grund gründlicher auf den Grund gehen möchte, der sei an das wunderbare Grimm'sche *Deutsche Wörterbuch* verwiesen, das ihm nicht weniger als neunzig Spalten zu der Sache bietet. Dabei sollte man freilich das norwegische Sprichwort im Sinn behalten: »Einer kommt nicht tiefer als bis zum Grund.«

Auf dem Trockenen sitzen

Im Englischen reimt es sich wenigstens schön, wenn jemand hilflos, gestrandet, aus dem Fluss der Ereignisse gerissen ist und festsitzt: *high and dry* sagt man dann. Der Seemann weiß, dass niemand diese Situation, »hoch und trocken«, beneidet. Es geht nämlich ursprünglich um ein Schiff, das aufgelaufen ist beziehungsweise auf dem Strand »sitzt«. Der ganze Rumpf zeigt sich in seiner imposanten Höhe, aber das sonst so bewegliche Schiff sieht traurig aus, ganz außer seinem Element und auf dem Trockenen. Gefährlich konnte es natürlich auch werden, denn auf einer Sand- oder Korallenbank führt die an wenigen Stellen konzentrierte Belastung leicht zum fatalen Bruch des Rumpfs. Es mag zusätzlich das Bild eines Fisches, der auf dem Trockenen sterben muss, hineingespielt haben, doch das »sitzen« weist allein auf das Schiff hin.

Die Redensart von der lähmenden Lage, »auf dem Trockenen zu sitzen«, übertrug man gern auf andere unangenehme Gelegenheiten, beispielsweise wenn Ebbe herrscht in der Kasse, wenn man sich hilflos fühlt oder – scherzhaft – wenn in der Kneipe die Gläser leer sind.

An der Klippe Immernochweiter ist schon manches
Schiff gescheitert.
Halte Maß und strebe nicht rücksichtslos vorwärts,
sonst droht Misserfolg.

Man kann auch noch an der Mole Schiffbruch erleiden.
Man soll den Tag nicht vor dem Abend loben und Vorsicht bis
zuletzt üben.

Meven in't Land, Unweer voor de Hand.
Fliegen die Möwen ins Land, steht ein Unwetter bevor.
Schifferregel.

Wenn ein großes Schiff zerschellt, bleiben immer noch
drei Lasten / dreitausend Nägel zurück.
China. Selbst im Unglück findet sich immer noch Positives.

He is dar so wilkamen as dat Water in't Ship.
Höchst unwillkommen wie Wassereinbruch im Schiff.

'n Sgipp up Strand: goode Baak vöör 'n ander.
Ein aufgelaufenes Schiff ist eine gute Bake für ein anderes.
Das Unglück des einen hilft dem anderen, warnt ihn.
In England: *Let another's shipwreck be your sea-mark.*
Lass eines anderen Schiffbruch dein Seezeichen sein.

Schippers Goot holt Ebb un Floot.
Auch hochdeutsch gebräuchlich. Auf See ist Besitz höchst unsicher.

Was man aus dem Schiffbruch rettet ...

The cat has a gale of wind in her tail.

Die Katze hat einen Sturmwind im Schwanz. Das sagten englische
Seeleute, wenn die Katze besonders munter an Bord spielte,
weil es ihnen ein Zeichen für Sturm war.

Schöpper, Schöpper ohne Mast, hol de Katt bim Zagel fast.

Schiffer, Schiffer ohne Mast, halte die Katze beim Schwanz fest.
Abergläubischer Spruch gegen Sturmgefahren.

Was man aus dem Schiffbruch rettet, ist Gewinn.

Römisch. Man soll nach dem Unglück zufrieden sein mit dem,
was man noch hat.

He meent, hum kann geen See to hoog lopen.

Er meint, ihm kann keine See zu hoch laufen. Über wagemutige
Seeleute, denen hoher Seegang schnuppe ist.
Das Gegenteil: *He het de See bloot bullern höört, do is he al umkeert.*
Er hat die See nur plätschern hören, da ist er gleich umgekehrt.

Wenn de See de Tähne speilt, heft se den Rachen apen.

Wenn die See die Zähne spült, also Schaum produziert, hat sie den
Rachen offen. Scheinbar harmlose Zeichen können große Gefahren
anzeigen.

Es ist nicht allzeit Gefahr auf dem Meer.

Übervorsichtigkeit schadet.

Ich will lieber im Meer ertrinken als im Pfuhl.

Auch: Süß ist der Seetod, jämmerlich der (Süß-)Wassertod.
Island. Seeleute wollten lieber auf See als an Land ertrinken,
weil sie es als ehrenvoller ansahen.

Im Meer kann der beste Schwimmer ertrinken.

Wenn die Gefahren zu groß werden, hilft die beste individuelle Fähigkeit nichts. Falsches, übergroßes Vertrauen in Fähigkeiten ist schlecht, manchmal verderblich.

In den Beker verdrinkt mär as in de See.

Im Becher ertrinken mehr als in der See.

Auch: Bacchus ertränkte mehr Menschen als Neptun.

Schon in der römischen Antike ist das Sprichwort bei Petronius überliefert, dass der Alkohol tödlicher ist als die See.

Lieber auf einer Planke rudern als mit dem Steuer untergehen.

Falscher Stolz schadet. Lieber ein lebender Hund als ein toter Löwe.

He sits high and dry.

Entweder negativ: »Er ist gestrandet«, oder positiv zu verwenden: »Er sitzt sicher auf dem Trockenen.«

Wenn wir in einem Schiffe sitzen, das versinken will,
müssen wir alle rudern.

In der Not müssen alle ohne Unterschied und ohne Verzögerung anpacken.

Das Schiff, das dem Steuer nicht gehorcht,
wird den Klippen gehorchen müssen.

England. Wer nicht hören will, muss fühlen.

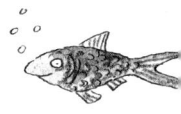

Die Flüsse fressen mehr Schiffe als das Meer.

Unterschätzte Gefahren führen häufiger zu Unglücken. Der Schein trügt.

Wenn du ausgehst, bete einmal; wenn du zur See gehst,
bete zweimal, und gehst du zum Traualtar, dreimal.

Wer sein Schiff gut versichert hat, fragt wenig nach dem Kompass.
Das Gefühl der Sicherheit macht unachtsam, sorglos.

Wer sich nach jedem Kompass richtet, kommt nie ans Ziel.
Auch: Ein Schiff, das mit jedem Wind segelt, wird niemals
in den Hafen kommen.
Finnland. Entschlusskraft und klare Orientierung sind wichtig.

Der beklagt sich zu Unrecht über die See, der sich zweimal
daraufgewagt hat.
Gebranntes Kind sollte das Feuer scheuen. Die See ist
unberechenbar und birgt tausenderlei Gefahren, was man bei
einer Fahrt schon bemerken kann.

Wer nicht beten kann, der werde ein Schiffsmann.
Oder: Willst du beten lernen, so fahre zur See.
In allen Sprachen und schon sehr lange überliefertes Sprichwort,
das auf die beängstigenden Meergefahren hinweist.

Wer auf dem Meer nicht besser wird, bei dem hilft eine
Landpredigt auch nichts.
Böhmen. Die radikalen Gefahren auf See müssten einen lehren,
wie unstet das Leben ist, dass man nur auf Gott vertrauen kann.

Um bald ein Bettler zu werden, muss man zur See handeln.
Wegen der Piraten, der Stürme, der hohen Sterblichkeit,
der Konkurrenten bestand im Seehandel ein extrem hohes
Verlustrisiko.

Hast du Landbrot, so verlange nicht auf See.
Begnüge dich mit dem Auskommen und verlange nicht mehr,
weil es mit hohen Risiken verbunden ist.

Seeleute sind gleich reich.
Jeder von ihnen kann auf See sehr schnell sein Leben und allen
Besitz verlieren. Die Gefahren machen alle gleich.

Das Schiff scheitert oft, wenn's am besten fährt.
Der Schein trügt. Übermut tut selten gut.

Der eine baut das Schiff, der andere scheitert damit.
Was der eine produziert, zerstört der andere. Man muss seine Sache
gut machen und dann gehen lassen.

Der kennt das Boot am besten, der es gebaut hat.

**Wo Klippen den Hafen bilden, da behüte Gott die einlaufenden
Schiffe.**
In der Not hilft nur Gott.

Es ist ums Schiff geschehen, wenn der Hafen voller Klippen ist.
Wenn die Zuflucht feindlich, gar tödlich ist, ist man verloren.

Das Lot ist zu spät ausgeworfen, wenn das Schiff gestrandet ist.
Auf einem Haus in Marburg steht der alte Spruch: »Rat nach Tat
kommt zu spat.« Handle rechtzeitig!

Wenn das Schiff gesunken ist, so ist jeder ein Steuermann.
Dann weiß jeder, woran es lag.

Wenn das Schiff strandet, so rettet sich der Reiche an eine fruchtbare Insel, die Armen aber werden an die Felsen verschlagen.

Russland. Der Teufel scheißt immer auf denselben Haufen. Wer hat, dem wird gegeben, wer nicht hat, dem wird genommen.

Das »Nicht wichtig!« ließ den Kapitän das Schiff verlieren.

Jamaika. Genauigkeit, Diensteifer und Konsequenz sind überlebenswichtig. Pi mal Daumen führt – gerade auf See – ins Verderben.

Eines Nagels wegen kann ein Schiff untergehen.

Sorgfalt im Detail ist überlebenswichtig.

Die Schiffe scheitern meist am Ufer.

Man soll den Tag nicht vor dem Abend loben. Aufmerksamkeit bis zuletzt ist unverzichtbar.

Leere Schiffe vertreibt der Wind.

Man muss Ballast, Ladung und Tiefgang besitzen, um gut zu segeln, das betrifft natürlich erst recht geistiges Gewicht, also Wissen und Fähigkeiten. Ohne das ist man nur ein Spiel des Windes und der Wellen.

Manches Schiff segelt jubelnd aus dem Hafen und kehrt nie wieder zurück.

Vögel, die morgens pfeifen, holt abends die Katz. Der Anfang ist wichtig, sagt aber nichts über das Ende aus.

Mit alten Schiffen muss man nicht übers Meer fahren.
Sorge für Werkzeug und Gebrauchsgegenstände, die gut in Schuss sind. Alte Schiffe werden leicht morsch oder leck.

Neben einem Schiff schwimmt immer der Tod.
Auf See sind Gefahren allgegenwärtig.

Passt's Tauwerk nicht zum Schiff, zerschellt's am nächsten Riff.
Man muss alles aufeinander abstimmen, angemessen ausrüsten, sonst sind Misserfolge unausweichlich.

Wenn vom Riff gesprochen wird, bekreuzigt sich der Schiffer.
Russland. Aberglaube wie im Sprichwort: Wenn man vom Teufel spricht, kommt er gerannt.

Schiff und Riff werden niemals Freunde.
Wie Hund und Katze, wie Feuer und Wasser sein.

Nicht jedes Schiff geht unter, an das eine Welle schlägt.
Lass dich nicht ins Bockshorn jagen! Man muss Risiken und Umstände klug beurteilen.

Das Wasser, welches das Schiff trägt, ist dasselbe, das es verschlingt.
China. Was Segen bringt, kann auch Verderben bringen, kommt es zur Unzeit oder im Übermaß.

Es können auch böse Leute ein Schiff retten.
Auch etwas Negatives kann Positives bewirken. Verurteile nicht zu schnell und zu radikal!

Wenn das Schiff scheitert, war der Wind schuld.

Man sucht gern die Verantwortung bei anderen.

Klippen sind leichter zu meiden als Sandbänke.

Der Schein trügt. Man muss auch Unerwartetes in Rechnung ziehen. Offensichtliche Gefahren sind weniger gefährlich.

Wo Schiffe zerschellen, soll sich kein Boot hinwagen.

Wenn der Große scheitert, versuche als Kleinerer nicht dasselbe.

Es ist geschehen ums Schiff, will's spaßen mit dem Riff.

Übermut tut selten gut.

Das Schiff ist mit Mann und Maus untergegangen.

Niemand hat sich gerettet. »Mann und Maus« gehören zu den Reimformeln, Doppelausdrücken, die im Deutschen sehr häufig sind und teilweise – wie hier – Vollständigkeit ausdrücken. Ähnlich: mit Kind und Kegel, mit Sack und Pack, mit allem Drum und Dran.

Wer einmal dem Schiffbruch nahe gewesen ist, spricht nicht mehr von der Schönheit des Meeres.

Ähnlich: Wer im Schiffbruch gewesen, zittert auch bei ruhigem Wasser.

Gebranntes Kind scheut das Feuer. Unglück verengt den Blick.

Auf seinem Anker an Land kommen.

Holland. Sprichwort für wunderbare Rettungen.

Sein letzter Anker ist gebrochen.
Die letzte Sicherung hat versagt. Alles ist im Eimer,
rettungslos verloren.

Besser den Anker verlieren als das Schiff.
Lieber ein kleiner als ein Totalverlust.

Ein Anker in der Not ist so gut wie Brot.
Das akut Überlebenswichtige ist je nach Situation unterschiedlich.

Man kann wohl an jedem Strande scheitern,
aber nicht an jedem anlegen.
Russland. Es ist leichter, Misserfolge als Erfolge ins Werk zu setzen.
Man muss das Spezifische eines jeden Dings genau ins Auge fassen.

Wenn man am Strande ist, haben die Riffe nichts zu bedeuten.
Russland. Nach der Rettung soll man die Gefahren vergessen.

Wer allzu straff die Segeltaue spannt und niemals schießen lässt,
der kentert bald und mag, den Kiel nach oben, weitersegeln.
Geflügeltes Wort aus der *Antigone* des Sophokles. Achte auf
angemessenes Verhalten. Gib auch einmal nach.

Wimpel hoch, Schotten dicht!

Redensarten und Sprichwörter
über das Schiff selbst und seine Ausstattung

Etwas vom Stapel lassen

Vor allem Redner, die gebeten werden wollen, ermuntert man mit dem Spruch: »Nun lass mal was vom Stapel!« Andere verwenden ihn, um eine lockere Atmosphäre anzudeuten: »Jetzt will ich mal was vom Stapel lassen.«

Selbstverständlich ist es nicht, dabei jene kunstvollen Holzstapel im Sinn zu haben, die auf der Helling dem wachsenden Schiffskörper Halt geben. Erst wenn das Schiff fertig gebaut ist, schlägt man die Bremsklötze weg und lässt den Rumpf ins Wasser gleiten. Wegen der Holzstützstapel nennt man den Vorgang »Stapellauf« oder »ein Schiff vom Stapel lassen«.

Im 18. Jahrhundert spätestens verwendete man den Ausdruck in übertragener Bedeutung, sodass man Vorträge, aber auch Wünsche vom Stapel lassen konnte, mit Hoffnung auf fröhliche Fahrt. Unter Seeleuten sagte man dann auch fürs Schwängern: *Hei heft er wat op en Stapel gesett.* Der Stapellauf des Kindes wird dann einige Monate später erfolgen.

Die ausgeschmückte und die klare Rede

Küstenbewohner und Seeleute sind geradeheraus, lieben keine weitschweifigen Erläuterungen oder das verdächtige Reden durch die Blume, das sie in ihrer Sprache schon mal »etwas verwimpeln« nennen. Sprach jemand etwas unverblümt aus, dann hieß es »unverwimpelt«. Die Sache lässt sich leicht erklären. Die Redeblumen kommen aus dem Lateinischen, wo schmückende Redefiguren, die in die Sätze eingeflochten wurden, *floscula*, also »Blümchen«, hießen. Jeder verwendete sie, um seine Texte aufzuhübschen. Tausend Jahre später findet man die *redebluomen* im Mittelhochdeutschen, doch werden sie hier schon nicht nur positiv verstanden. Das einfache Volk hatte gemerkt, dass ihm mit der verblümten Redeweise oft nur eine hässliche Wahrheit in schöner Verkleidung mitgeteilt, ja untergejubelt werden sollte. So misstraute man der verblümten Sprache, der Rede durch die Blume und erst recht den Floskeln – ein Wort, das inzwischen für feststehende, immer gleiche Ausdrücke stand.

Die Wimpel eines Schiffes zieren dieses ähnlich, wie die Redeblumen die Sprache zieren. Sie lenken auch von dem eigentlichen Zustand des Schiffes ab, das – über die Toppen geflaggt – aus der Ferne prächtig wirken kann. Lenkt man die Aufmerksamkeit aber von den bunten Wimpeln auf die eigentliche Substanz und kommt näher, kann sich die Seeschönheit als ein alter Kahn entpuppen.

Tiefgang haben

Das schöne Lob für die Bildung und Gedankenqualität eines Menschen verdankt sich dem Lob großer Schiffe, deren wahre Größe von außen nur wahrgenommen werden kann, wenn sie sich im Trockendock befinden. Sonst liegen ja weite Teile unsichtbar unter Wasser.

Bei einem weisen Menschen verhält es sich ähnlich, denn erst im anspruchsvollen Gespräch erfährt man mehr über die wahren Ausmaße seines Wissensspeichers und dessen Ladung.

Von der Wasserlinie bis zum Kiel reicht der Tiefgang eines Schiffes. Die Tiefladelinie wird dagegen so hoch angebracht, dass auch extremes Eintauchen bei größeren Stampfbewegungen während der Fahrt berücksichtigt wird. Schließlich soll das Schiff nicht auf Grund laufen.

Beim Schiff sagt der größere Tiefgang noch nicht unbedingt viel über seine Qualitäten aus, schließlich haben auch Flachwasserrümpfe Vorteile. Beim Menschen kann er sich ebenfalls nachteilig auswirken. Wenn niemand mehr den Gedankenausflügen folgen kann, wird ein Weiser rasch einsam. Nun hat der Mensch im Gegensatz zum Schiff die Möglichkeit, seinen Tiefgang rasch und entschieden anzupassen. Deshalb sollte ein Weiser auch mal das Dümpeln im seichten Gespräch bei angenehmer Gesellschaft genießen.

Eine Galionsfigur sein

Was als Lob für herausragende Menschen gedacht ist, die ein Aushängeschild sein sollen, Vorreiter oder Identifikationsfigur, hat etwas durchaus Ambivalentes. Wer gleicht schon gern einer Figur, die stumm und starr am Bug eines Schiffes hängt, selbst wenn sie prächtig ausgearbeitet, ja gar nicht so selten vergoldet und eine symbolische Gestalt mit großer Bedeutung ist? Auch der Ort, an dem sie sich befindet, erfreut nur zum Teil. Der Vorbau, von dem die Galionsfigur ihren Namen hat, diente nämlich oft als Abort mit Klobrille samt Fallrohr und ein Verschlag darauf als Arrest für unbotmäßige Seemänner. Unter manch gewaltigem Bugspriet mit Klüverbaum konnte man die Galionsfigur gar nicht recht sehen.

Und doch, und doch. Seitdem es große Schiffe gibt, ziert man ihren Bug. Berühmt sind die aufgemalten Augen antiker griechischer Schiffe, doch schon die Ägypter schmückten den Vordersteven mit geschnitzten Lotosblüten. Die Phönizier brachten Pferdeköpfe an, bei den Germanen liebte man die der Drachen, ab dem 16. Jahrhundert findet man in katholischen Ländern allerlei Heilige, in den evangelischen dagegen Löwen. Aber so richtig in Fahrt kam die Sache mit den Bugfiguren erst hundert Jahre später. Jetzt heftete man menschliche und menschenähnliche Wesen an den Bug. Seejungfrauen, gern barbusig, waren beliebt und Meergötter. Die britische *Neptun* von 1680 zeigte stolz den namensgebenden Meerbeherrscher. Auf der *Victory*, die Admiral Nelson befehligte, halten zwei weiße Galionsengelchen das königliche Wappen. Die deutsche Fregatte *Fortuna* von 1760 trug vorne natürlich die Glücksgöttin selbst, die einen Lorbeerkranz in die Höhe hielt. An der englischen Fregatte *Unicorn* von 1786 versah unter dem Bugspriet ein Einhorn seinen Dienst, die amerikanische *Mohawk* zierte ein Holzindianer desselben Stammes.

Dort vorne am Schiff zeigt sich die Galionsfigur als Visitenkarte, als sein Ideal, manche meinen sogar, als seine Seele. Das öffnete dem Aberglauben Tür und Tor, den Anekdotenerzählern erst recht. Sie berichten von Galionsfiguren, die unter Lebensgefahr im Schiffbruch oder mitten in der Schlacht gerettet wurden, von tragischer Liebe zwischen Mensch und Holzfigur, aber auch vom Fluch übernommener und entfernter Bugwesen.

Mit dem Ende der Windjammerzeit kam auch das Ende der Galionsfiguren, da sich der ganze Schiffsbau änderte. Gleichwohl konnten es manche nicht lassen und produzierten Galionsmonster. Das größte hatte wohl die *Imperator*, oder, wie Kaiser Wilhelm II. es wollte, *der Imperator*. Das 52 000-Tonnen-Passagierschiff von 1913 trug einen riesenhaften Eisenadler mit sechzehn Metern Spannweite, der das Schiff damit auch gleich zum längsten der Welt machte. Die Protzerei wirkte wie der reinste Chauvinismus, denn der Adler hielt den Globus in seinen Fängen, und das Hapag-Motto »Mein Feld ist die Welt« verstanden nicht nur die Briten als Kriegserklärung. Offenbar handelte es sich beim Galionsadler um keinen Seeadler, denn vor Cherbourg rupfte die See das tonnenschwere Vögelchen derartig fest, dass Teile ebendort versanken. Die traurigen Reste entfernte man kurz darauf in aller Stille. Die hohe Zeit für echte Galionsfiguren war einfach vorbei, und vielleicht begann deshalb die immer häufigere Verwendung der Redensart an Land. Dazu gehörte auch die Variante, mit der sich Großnasige gegen Spott wehrten: »Eine stolze Galion ziert das ganze Schiff.«

Die Schotten dicht machen

Der *Titanic* nützten ihre Schotten nichts, weil der Eisberg fast die ganze Schiffsseite eindrückte, sodass Wasser in zu viele Abteilungen auf einmal eindringen konnte. Erstaunlich bleibt es, dass sich der Ausdruck der Seefahrt für Trennwände mit Luken oder überhaupt für Abteilungswände so allgemein ins Deutsche der Binnenlandbewohner einbürgern konnte.

Dabei wissen selbst Seeleute nicht unbedingt, dass »Schott« die niederdeutsche Variante von »Schuss« ist. Die Trennwände im Schiff verstand man als etwas, das gleichsam in den Rumpf eingeschossen wurde. Vielleicht stand das Wort »Geschoss« Pate, das sich als Synonym für »Etage«, »Stockwerk« bildete, weil man das Wachsen von Gebäuden mit dem Emporschießen der Pflanzen verglich.

Die *Great Eastern* besaß 1866 schon welche, lange vor ihr wohl und zuerst chinesische Schiffe des 15. Jahrhunderts. Erst seit 1742 findet man das Wort »Schott« schriftlich überliefert in einer Altonaer Quelle. Rasch verbreitete es sich als Bezeichnung für die Abtrenn-

abschotten

wände, die oft mit einer Luke versehen waren, weshalb die dann selbst manchmal so genannt wurden. Die Schotten stabilisierten den Schiffsrumpf, sie sorgten aber vor allem dafür, dass er in viele einzelne Räume abgeteilt wurde, die jeweils wasser-, oft auch feuerdicht waren. Brach an einer Stelle ein Feuer aus oder Wasser ein, konnte es sich nicht ungehemmt verbreiten, sondern kam nur bis zum nächsten Feuer- oder Wasserschott.

Die Schutzfunktion priesen Schifffahrtsgesellschaften natürlich an, um zweifelnde Passagiere von der Ungefährlichkeit der Reise und der Sicherheit ihrer Fahrzeuge zu überzeugen. Über diese Werbung und die zahlreichen sehr beliebten Schiffbauberichte in den Druckerzeugnissen des 19. Jahrhunderts verbreitete sich der Ausdruck auch an Land. Hier sagte man dann, wenn sich jemand von anderen absonderte, er schotte sich ab oder mache die Schotten dicht.

Scherzhaft rief man: »Alle Schotten dicht!«, vergaß jemand nach dem Eintreten, die Türe zu schließen, oder wollte man plötzliches Schweigen empfehlen.

Auf Schiffen führt der Befehl »Alle Schotten dicht!« schon sehr lange nur noch zum Knopfdruck, der das automatische und rasante Schließen aller Schotten auslöst. Weil dann eine übliche Arbeit an Bord nicht mehr möglich ist, schließlich sind die Abteilungen voneinander getrennt, hat sich vielleicht die Zusatzbedeutung »Arbeitsende« oder »die Aufgabe ist erledigt« herausgebildet.

Die tapferen Schotten haben mit all dem nichts zu tun, denn ihr Name geht auf den keltischen Volksstamm der Skoten aus Irland zurück. Die Römer nannten sie Scoti. Sie trafen auf sie, weil viele von den Skoten die Westküste des heutigen Schottlands auf Raubzügen heimsuchten und vereinzelt schon kolonisierten.

Der rote Faden: eine kluge Diebstahlsicherung

Es war offensichtlich Johann Wolfgang von Goethe, der einen Trick der Royal Navy in Deutschland bekannt machte und gleichzeitig eine neue Redensart in die Welt setzte. Er tat es in seinem wundervollen, mehrfach verfilmten Roman *Die Wahlverwandtschaften*. Hier präsentiert der Erzähler Auszüge aus dem Tagebuch einer der Hauptfiguren, Ottilie. Er rechtfertigt und begründet das mit einem Gleichnis, wie er schreibt: »Wir hören von einer besonderen Einrichtung bei der englischen Marine. Sämtliche Tauwerke der königlichen Flotte, vom stärksten bis zum schwachsten, sind dergestalt gesponnen, daß ein roter Faden durch das Ganze durchgeht, den man nicht herauswinden kann, ohne alles aufzulösen, und woran auch die kleinsten Stücke kenntlich sind, daß sie der Krone gehören.

Ebenso zieht sich durch Ottiliens Tagebuch ein Faden der Neigung und Anhänglichkeit, der alles verbindet und das Ganze bezeichnet. Dadurch werden diese Bemerkungen, Betrachtungen, ausgezogenen« – aus Büchern gesammelten – »Sinnsprüche und was sonst vorkommen mag, der Schreibenden ganz besonders eigen und für sie von Bedeutung.«

Das Bild leuchtete den Lesern sofort ein, denn ein Text ist ja auch eine Art Gewebe, das durch einen hineingewobenen Zentralgedanken besondere Qualität, Klarheit und Schönheit gewinnt. Als Diebstahlsicherung wie bei den britischen Marinetauen taugt er im Bereich des Schreibens oder Redens leider nicht.

Bis zum bitteren Ende

Das Wort »bitter« ist urverwandt mit »beißen«, das im Englischen nicht umsonst *to bite* heißt. Zuerst bezeichnete man bildlich einen beißenden, scharfen, stechenden Geschmack als bitter. Sogar das Salzwasser nannte man nicht selten bitter. Weil dieser Geschmack besonders unangenehm war und dazu ein lebenswichtiges Signal für gefährliche, giftige Kost, das Brechreiz auslösen konnte, lag es auf der Hand, »bitter« in vielen Fällen als Verstärkungswort einzusetzen. Die bittere Niederlage und das bitterliche Weinen beweisen es. Für die Christen sollte der Tod eigentlich süß sein, weil er ihnen das Paradies eröffnet. Und doch singt man dann und wann in der Kirche nicht nur »Komm, süßer Tod!«, sondern »O Tod, wie bitter bist du!«. Und dann ist da noch der Spruch vom bitteren Ende, das nicht das Sterben, sondern überhaupt jedes schlimme Ende bezeichnet.

Wer auf den Geschmack gekommen ist, Redewendungen durch die Brille der Seefahrt zu sehen, wird die Zunge und ihre Fähigkeiten beim bitteren Ende aus dem Spiel lassen. Vielmehr wird er sich erinnern, dass Ankertaue lange Zeit an massiven Pollern an Deck befestigt wurden. Ihr Name lautet im Englischen *bitt* und genauso im Plattdeutschen. Beide Sprachen gemixt dienten auf einer Unzahl von Schiffen als übliche Bordsprache. Um die Länge des Ankertaus deutlich beurteilen zu können, brachte man farbige Markierungen an. Kurz vor dem Ende signalisierten sie: »Achtung, gleich ist Schluss!« Das war natürlich kein angenehmer Anblick, hieß es doch, dass der Anker wohl keinen Halt würde finden können. Diesem so bedeutenden Teil des Taus zwischen der Markierung und dem Bitt gab man den Namen »Bitt-Ende«, später auch »bitteres Ende«. Wenn man es bis hierher versucht hatte, gab es nichts mehr zu tun. Das absolute Ende war erreicht. Man hatte es bis zum bitteren Ende probiert. Immerhin bedeutete es nicht unbedingt den Tod. Nur dass man woanders erneut versuchen musste, vor Anker zu gehen.

Schön oder nicht schön

Von schnellen, oft schlanken Kriegsschiffen schwärmen viele, allzumal von der Fregatte. So liegt es auf der Hand, dass man gerade diesen Schiffstyp, der schon im 16. Jahrhundert mit Bewunderung genannt wurde, auf reizvolle Frauenzimmer übertrug. Im Englischen ergab sich daraus das Kompliment: *She is a well rigged frigate.* Die »exzellent getakelte Fregatte« erlitt eine Art Schiffbruch oder zumindest eine schlimme Degradierung, als sie sich im Deutschen verbreitete. Da bedeutet »sie ist eine aufgetakelte Fregatte« geradezu das Gegenteil. Hier regt sich jemand über die übertriebene Ausstaffierung einer Frau auf und vergleicht sie mit der in der Tat aufwendigen Takelage einer Fregatte.

eine aufgetakelte Fregatte

Klar Schiff machen

Ein schillerndes Wörtlein bilden die vier Buchstaben, die wir Deutschen aus dem Lateinischen übernommen haben. *Clarus* schillerte schon in der Herkunftssprache in vielen Bedeutungsnuancen und konnte »hell, klar, laut und weithin schallend, leuchtend, deutlich, berühmt, glänzend« heißen.

Im maritimen Bereich nahm es einen weiteren Sinn an, nämlich »fertig« und »in Ordnung«. Daher entstanden dann im 19. Jahrhundert auch Befehle wie: »Klar zum Gefecht!«, oder: »Klar zum Auslaufen!« Wenn das Schiff aber unklar ist, dann stimmt an Bord etwas nicht, was die Takelage, das Deck, die Mannschaft oder sogar die Geschütze betreffen kann. Dann muss der Schiffsführer möglichst rasch alles klarmachen, also alles in Ordnung bringen lassen. Das nennt man auch »klar Schiff machen«. Der Ausdruck hat sich längst allgemein verbreitet, wobei man ihn an Land vor allem aufs Aufräumen und Säubern bezieht. Im Englischen gibt es eine schöne Unterscheidung zwischen zwei Stufen des Klarschiffmachens. Einerseits sagt man: *to be in ship-shape*, was inzwischen ganz allgemein »in bester Ordnung« oder »nach allen Regeln der Kunst« bedeutet, eben so methodisch und ordentlich wie ein Schiff, das auf große Fahrt geht. Andererseits sagt man: *jury-rigged*, was heißt: »nur für den Tag *(jour)*, für eine kurze Zeit getakelt und geordnet«.

Keine Panik auf der *Titanic*!
Spontispruch. Immer schön ruhig bleiben.

Einfache Leute haben die Arche gebaut, Fachleute die *Titanic*.
Die einfachen Dinge sind oft die besten.

Aber sonst ist alles klar auf der *Andrea Doria*.
Udo Lindenberg. Die *Andrea Doria* war ein italienisches
Passagierschiff, das spektakulär sank.

Wer nicht schmiert, kann nicht vom Stapel laufen lassen.
Oder: Wer rasch vom Stapel lassen will, schmiere die Schwellen!
Italien. Das stimmt zwar für den Schiffsbau, doch hier geht es
eher um Schmiergelder.

Gib acht, wenn Leute Schiffe schenken, aber an Land bleiben.
Manche Gabe ist vergiftet, gefährlich.

Besser leerer Raum als schlecht geladen.
Schlecht geladen kann den Untergang bedeuten.

Wenn's regnet in die Kajüte, so läuft's auch in die Hütte.
Wenn es beim Kapitän in der Kajüte undicht ist, wird auch die Back
der Mannschaft so sein. Was den Großen widerfährt, erleiden auch
die Kleinen. Wie der Herr, so 's G'scherr.

Am Geschwätz den Gimpel, den Segler am Wimpel.
Man erkennt etwas an seinen wesentlichen Zeichen und Eigenschaften. Oft spöttisch für Angeber und Schwätzer verwendet.

Es ist besser ein heiles Boot als ein zerbrochenes Schiff.

Norwegen. Lieber eine kleine Sache, die in Ordnung, als eine große, die nutzlos ist.

Wie man die Jacht nennt, so wird sie segeln.

Russland. Der Name ist mehr als Schall und Rauch. *Nomen est omen.*

Die teuersten Schiffe liegen oft auf dem Trockenen.

Auch: *Dür Schip stähn an't Land.*

Zu viel Aufwand bedingt oft zu viel Vorsicht, ist also falsch investiert.

*Es ist besser ein heiles Boot
als ein zerbrochenes Schiff*

Eine Flagge soll man aufs Vortopp setzen.
Island. Man soll Farbe bekennen!

Women are ships and must be manned.
Frauen sind Schiffe und sollen bemannt werden.

A ship and a woman are ever repairing/trimming.
Ein Schiff und eine Frau bedeuten immerwährend Reparatur.
Auch: *To furnish a ship requireth much trouble, but to furnish*
a woman the charges are double.
Ein Schiff auszustatten erfordert viel Aufwand, aber eine Frau
auszustatten kostet doppelt so viel. Zum Glück gibt es auch
frauenfreundlichere englische Seesprüche:
A ship under sail, a man in complete armour, a woman with
a great belly are three of the handsomest sights.
Ein Schiff unter Segeln, ein Mann in voller Rüstung,
eine Frau mit großem Bauch sind drei der schönsten Anblicke.

Es ist kein einzig Schiff so schön, dass man es ohne Pumpe geseh'n.
Auch: Alle Schiffe haben ein Leck.
Italien. Keine Sache ist perfekt.

Das Lebensschiff derer, die nicht arbeiten wollen,
läuft in den Hafen der Armut oder landet am Kap der Not.
Fleiß lohnt sich, Faulheit führt zu Armut.

't is, as wen der 'n Dremastschip offaren sal.
Es ist, als wenn er einen Dreimaster fortsegeln sollte.
Damit spottet man über umständliches Verhalten.

Ein Dreimaster wird nicht an einem Tag gebaut.
Gut Ding will Weile haben.

Kleine Lecks versenken auch große Schiffe.
Ähnlich: Das beste Schiff kann auf einer kleinen Klippe
Schiffbruch erleiden.
Auch: Selbst ein Tau fängt an einem Faden zu faulen an.
China. Kleine Ursachen, große Wirkungen. Es lohnt sich,
auch auf Kleinigkeiten zu achten.

Dichten zwei Männer ein Boot ab, wird es sicher lecken.
China. Wenn nur einer etwas tut, übernimmt er mehr
Verantwortung und arbeitet besser, als wenn zwei es tun.

Twee Masten up een Sgipp is een te vööl.
Auch: Ein Schiff mit zwei Steuerleuten geht zugrunde.
Doppelte Befehlsgewalt auf einem Schiff ist von Übel.

Riding at two anchors, men have hold; for if one breaks,
the other may hold.
Fährt man mit zwei Ankern, hat die Mannschaft Halt,
denn wenn der eine bricht, könnte der andere halten.

When my ship comes home.
Ursprünglich: Wenn ich mein Glück gemacht haben werde.
Das ging auf den ertrag- und risikoreichen Fernhandel zurück.
Jetzt: Irgendwann einmal später.

Judge not a ship as she lies on the stocks!
Beurteile ein Schiff nicht, solange es noch auf dem Stapel liegt!
Vertraue keinem unerprobten, neuen Schiff!

Hoog van Masten, klein van Lasten.
Das sagte man über Angeber. Große Schnauze und nichts dahinter.

Se set't daran, wat Top unde Seil liden kann.
Alles riskieren, mit allen Kräften etwas anpacken.

't Boot springt as 'n Hund in de Rogg.
Das Boot springt wie der Hund im Roggen. Es ist instabil.

Das ist ein guter Matrose, dessen Hände Haken sind.
Auch: *Fieffinger, dat is 'n Bootshake, seggen de Schippers/Schipslüd.*
Die Hand ist des Seemanns wichtigstes Werkzeug und sollte so
unbeugsam und stark sein wie ein Bootshaken.

Dat is 'n Tau sünder Knüt.
Das ist ein Tau ohne Knoten. Das sagt man von jemandem,
der nicht recht zu fassen ist, wendig und windig.

To cut the cable and run before the wind.
Das Ankertau durchschlagen und vor dem Wind fahren.
Fliehen, abhauen.

Ein Schiff ist keine Flotte.
Einer allein zählt nicht oder sehr wenig.

Mit dem Narrenschiff kommt man leicht nach Schelmhafen.
Auch: Narrenschiffe findest du in jedem Hafen.
Über tölpelhafte, närrische Leute und deren Taten.

Wer mit dem Glück fährt, dem verwandelt sich die Troika
in einen Kahn, wenn er ans Meer kommt.
Russland. Und ebenso: Wenn der Glückliche durchs Meer will,
so findet er es trocken, will der Elende durch die Steppe,
findet er sie nass.
In England: *Give a man luck and throw him into the sea.*
Gib einem Menschen Glück und wirf ihn in die See.
Mit Glück verwandelt sich selbst das Schlimmste in Segen.

Wenn das Schiff geladen ist, braucht man keinen Ballast.
Unnütze Belastung und Belästigung soll man meiden.

Einem lecken Schiff ist jeder Wind entgegen.
Auch: Dem Klapperkasten sind alle Winde widrig.
Sind die Voraussetzungen schlecht, gibt es keine guten Umstände.

Elk mut sin Schipps Düpte weten.
Jeder muss seines Schiffes Tiefgang kennen. Man soll seine
Grenzen kennen.

Ein Seemann trennt sich nicht gern von seinem alten Schiff.
Italien. Eigentlich: *Nave vecchia ricchezza del padrone.*
Ein altes, erprobtes Schiff ist der Reichtum seines Herrn.

Das Ruder ist der Kopf des Schiffes.
Ein Teil kann für eine Gesamtheit besonders wichtig sein,
weil es die Richtung bestimmt.

De Kop is't Roer van't Ship.
Der Kopf ist das Steuerruder des Schiffes. Man muss vor allem
nachdenken, bevor man die Richtung bestimmt oder einschlägt.

Das Schiff hängt stärker vom Ruder ab als das Ruder vom Schiff.
Ein Teil einer Sache kann entscheidend sein, bestimmend,
weshalb das Ganze darauf achten, sich danach richten muss.

Auch ein leckes Boot bringt seinen Herren in die Stadt.
In der Not nimmt man, was da ist.

Besser auf einem ganzen Boot als auf einem lecken Schiff.
Lieber den Spatz in der Hand als die Taube auf dem Dach.

Ein Boot wird eher umgeworfen als ein Schiff.
Auch: Kleine Schiffe müssen sich am Ufer halten.
Ähnlich: Große Schiffe fürchten kleine Strudel nicht.
Oder: Das Schiff kann in See treiben, der Nachen muss am Ufer
bleiben.
Größe zählt, macht einen Unterschied. Zusätzliche Bedeutung:
Was sich ein Großer, Starker, Kluger erlauben kann, kann ein
Kleiner, Schwacher, Dummer nicht.

Auf den größten Schiffen sind die meisten Mäuse.
Vorteile bringen auch Nachteile mit sich.

Ein großes Schiff zieht tiefe Furchen.
Große Ursache, große Wirkung.

Ein Schiff auf dem Rhein ist ein Nachen auf dem Meer.
Je nach den Umständen ändert sich der Wert eines Dinges oder
Menschen.

Große Schiffe, große Wasser.
Man soll gleich und gleich verbinden. Je stärker man ist,
umso mehr kann man wagen.

In ein großes Schiff tut man, was man will, in eine kleines,
was man kann.
Man muss sich nach der Decke strecken. Überfluss erlaubt Freiheit.

Wo ein Schiff fortkommt, kann auch ein Boot fahren.
Wo Große vor einem waren, können Kleine folgen.

Auf einem kleinen Schiff bunte Wimpel führen.
Trotz bescheidener Mittel viel Aufhebens machen.

Alle Schiffe sind gut, solange sie auf der Werft liegen.
Pläne, Projekte, Dinge müssen sich erst in der Realität bewähren,
bevor man sie richtig bewerten kann.

Eine alte Klippe und ein neues Schiff sind nicht viel nütze.
Weder Tradition noch Neuheit sind Werte an sich. Die alte Klippe
bleibt gefährlich, das neue Schiff muss sich erst bewähren und
einfahren.

Das Schiff des Lügners fährt nicht / segelt schief.
Türkei. Lügen haben kurze Beine. Man kommt mit Lügen nicht
weit und nicht auf den rechten Pfad.

Weil alle vornehm sein wollen, will niemand das Boot anbinden.
Falscher und allgemeiner Stolz schadet allen.

Bist du mein Schiff, bin ich dein Ruder, sagte der Lahme zum blinden Bruder.
Jeder kann nach seinen Fähigkeiten nützlich und hilfreich sein.

Das größte Schiff ist ein kleiner Bissen fürs Meer.
Man muss seine Grenzen kennen und keinen falschen Stolz entwickeln.

Das Schiff gleicht dem Weib, den Menschen traget beider Leib.

Die alten Schiffe bleiben im Hafen.
Alter verdient Ruhestand. Allerdings auch: Man soll seine Grenzen kennen und im Alter nicht mehr so viel wagen. Schließlich: Alter macht vorsichtig.

Ein gestrandetes Schiff ist schwer zu bessern.
Wenn der Karren erst einmal im Dreck gelandet ist, kann man ihn nur schwer herausziehen. Vorsicht ist besser als Nachsicht.

Ein Schiff, das vor Anker liegt, zieht keine Segel auf.
Wenn man bei einer Sache ist, tut man keine andere, die ihr entgegensteht.

Ohne Taue kein Schiff.
Etwas ist absolut notwendig, bestimmend für eine Sache.

Lade nicht alles in ein Schiff.
Man soll nicht alles auf eine Karte setzen.
Don't put all your eggs in one basket.

Wie das Schiff, so die Segel.
Wie der Herr, so 's G'scherr.

Es ist ein Schiff ohne Ballast.
Das ist eine schwankende, trügerische, vom Untergang
bedrohte Sache.

Neid sieht die See, aber nicht die Riffe.
Ähnlich: Neid sieht wohl das Schiff, aber nicht das Leck.
Russland. Der Neid ist blind für die Pflichten, Auflagen und
Anstrengungen, die mit Besitz verbunden sind.

Die Seele ist das Schiff, Vernunft das Steuer,
die Wahrheit der Hafen.
Türkei. Lebensregel gemäß der Seefahrt.

Sie gehen nicht alle in ein Schiff.
Sie sind nicht unter einen Hut zu bringen.

Den Wagen muss man vorne, Schlitten und Schiff hinten beladen.
Der Schwerpunkt ist hier entscheidend. Man muss eine Sache
je nach den Gegebenheiten anpacken.

Der, der gibt, segelt in einem Schiff den Hügel hinauf.
Indien. Freigebigkeit ebnet alle Wege und lässt unmöglich
Scheinendes gelingen.

Ein silberner Anker findet leicht einen goldenen Grund.
Auch: Mit goldenem Anker kann man in jeder Bucht anlegen.
Freigebigkeit ebnet alle Wege. Es kann damit ebenso Bestechung
gemeint sein.

Stock and fluke.
Die ganze Sache, die ganze Geschichte.
Wörtlich: Ankerstock und Ankerhand.

Auf einem Binsenkahn übers Meer fahren.
Römisches Sprichwort für jemanden, dem etwas Schweres
leicht gelingt.

Ein Mädchen zieht mehr als ein Tampen.
Wortspiel mit Anziehungskräften und dem Seilziehen.
Die Attraktivität einer jungen Frau ist stärker als ein dickes Tau.

Manchmal muss man die Trosse fahren lassen.
In Extremsituationen muss man manchmal extrem handeln.

Langsam ziehen, dann bricht die Leine nicht.
Hast schadet oft, Geduld bringt weiter. Eile mit Weile.

Was über die Bramsegel hinausgeht, geht zu weit.
Das ist die Höhe. Man soll nicht die Grenzen missachten.

Es ist ein Schiff oder eine Pudelmütze.
Das sagt man, wenn jemand sehr Widersprüchliches redet.

Unerschütterlich viel gewaschen

Redensarten und Sprichwörter
über die Seeleute

Die wahre Geschichte des Michael Heberer
oder Schuften wie ein Galeerensklave

Niemand hat mir an der kurpfälzischen Wiege gesungen, dass ich einstmals als türkischer Rudrer so viele Tage und Monate und Jahre verbringen würde. In Bretten kam ich, der Michael Heberer, im Jahr des Herrn 1560 zur Welt, als Sohn eines nicht eben wohlhabenden Ackerbürgers und einer Nichte des großen Melanchthons. Vielleicht durft ich des berühmten Ahns halben lernen und die hohe Schule besuchen sogar? In Wittenberg freilich studiert ich viel, nicht nur Jus, Philosophie, Latein. Doch als die Prüfungen drohten, nahm ich lieber Dienste an als Hauslehrer, bevor es mich aus Begierd, fremde Landschaften zu sehen, nach Frankreich trieb. Ein junger Mann von Mut und Wuchs, fand ich auch dort ein Auskommen in gräflicher Anstellung, reist mit der Herrschaft umher im Land. Den Hugenottischen aber ging man so grausam an den Beutel und an die Gurgel, dass ich mich eiligst mit einem würdigen Malteserritter nach Malta begab. Da er für meine Passage bezahlet, wollt er, dass ich sollt an einer Kaperfahrt teilnehmen wider die türkischen und mohrischen Heiden. Einer Pest gleich wüteten sie mit Piratenfahrt auf gut christliche Händler und Kriegsschiffe. Wir zahlten drum mit gleicher Münze heim. Mein Herr meint, dass seit dem der heiligen Jungfrau Maria geschuldeten Seesieg bei Lepanto im Jahr des Herrn 1571 hätt sich das Korsarentum noch weiter verbreitet auf beiden Seiten, sei aber, so es uns beträfe, ein gottgefällig und darzu einträglich Tun. Er wappnete mich wohl und schickte mich mit mächtigen Galeeren hin gen Süd, wo wir an den Küsten trefflich hausten und Beute machten, davon die Malteser ihren Zehnten bekamen, wir aber unser Scherflein je nach Rang und Dienstzeit.

Im Jahr des Herrn 1585 machten wir uns abermalen auf mit vier wohlgebaueten Galeeren und fanden vor der Küste der Ägyptier Handelsschiffe, die wir wacker zerschossen, enterten und niederkämpften. Einige Männer freilich, die zu kurz gesprungen von unserm auf das feindlich Schiff, versanken jämmerlich schnell von wegen ihrer Rüstung. Jämmerlicher noch schrieen die bald nackichten und bloßen Weibsleute, auch weil ihre Männer meistenteils gemeuchelt waren.

Da flogen türkische Kriegsgaleeren heran, so groß an Zahl, dass die unseren Reißaus nahmen und uns zurückeließen. Noch war das Glück uns hold, dieweil die Heiden, unser nicht gewahr, gleich Jagd machten auf die Fliehenden, ohne unser zu achten. Wir priesen die göttliche Vorsehung und kamen doch mit dem zerschossnen Schiff nicht allzu weit. Ein Sturm warf uns an die Küste, woselbst wir von den Heiden gefangengenommen, geschoren an Haupt und Kinn und als Sklaven für die Galeeren verkauft wurden.

Den Winter über mussten wir Häuser einreißen und suchten Kälte und Hunger zu entgehen, indem wir nahmen, wo wir konnten, verkauften, was wir fanden. Im Frühling ging's nun freilich an die Galeeren. Schön anzuschauen, wohl an die 150 Fuß lang und 18 breit, leichter und wendiger als die unseren, aber sauer zu kalfatern, was unser schwerer Dienst nun war, mit Pech und Werg und Fett, das uns doch half, die Suppen zu schmälzen. Und war noch ein leichter Leben an Land denn an Bord, wo wir an die Ruder mussten, immer vier und vier. Wir fügten's mit Segen, das der Georgen Köpke aus Pommern, der mit an Bord gewesen, und ich an einem Riemen zu sitzen kamen, mitsammen zween mohrischen Raubern. Bald blutig geschunden von den Riemen, lobten wir die Essenszeit. Doch da fraßen die beiden Mohren das Beste und gaben mir und meinem Pommern, was die Mäus und Würm hatten ausgenaget und übergelassen. Und nachdem sie beide genug gesoffen und ihre schwarze Düssel drin gewaschen hatten, gaben sie uns zweien die Grundsuppen, damit wir auch mussten zufrieden sein. So lebeten wir von verdorben Brot, und desselben wenig, stinkend Wasser und Peitschenstreich genug. Mit uns taten gut zweimal hundert Galeerensklaven ihre Arbeit an den sechzig Riemen, und starben wohl auch. Weilen ich Französisch kunnt, so lehrt mir ein Franzos, so mit uns rudern musst, das Strümpf stricken, welchselbes mir ein Zubrot gab und Ableitung war in den Stunden, da wir nicht ruderten. Die Wächter, so ein Teil davon in ihre Taschen lenkten, ließen mich die Strümpf, bald sogar Wollen und Wein verkaufen an die andern Sklaven, wovon ich konnt mir Frücht und Gemüs erwerben, den armen, zerschundnen Körper zu erquicken. Wer aber krank wurd und zu matt, den ließ der harte Patron nicht gesunden, sondern weidlich peitschen und sich zu Tode rudern.

Manchmal mussten wir auch fern der Schiffe schuften und Schnee in große Gruben schaufeln als Kühlvorrat für den Sommer, und wenn wir des Nachts erkältet bis ins Mark und nass an Bord geführt worden, kettete man uns an auf den Ruderbänken. Da warn die Strümpf hoch willkommen und der Wein zumal.

Hätt nicht ein bremisch Büchsenmacher uns einst eine Feilen geschenkt, die wir heimlich verbargen, Georgen und ich wärn zugrundgegangen wie so viele von der Ruderarbeit und vom Kummer.

So aber warteten wir auf gute Gelegenheit und fanden sie im Hafen der herrlichen Stadt Konstantinopel, wo wir die Ketten durchtrennten und zu einem treuen Landsmann flohen, so uns versteckte. Drei lange Jahr war ich Sklave auf der Galeeren, und nun sandt ich aus eine Petition auf die ander, dass mich ein Gesandter sollte loskaufen aus der heidnischen Fremde. Der deutsche wollt freilich nur katholische befreien, und evangelische Christen hielt er für ärger als die Türken. Da stund es gut, dass ich mit den Franzosenherren mich früher gut gestellt, und so zahlt deren Gesandter für mich hundert Dukaten, auf dass ich kunnt heimfahrn aus dem Elend über Malta, Spanien und Italien, allwo ich an der hohen Schule zu Padua mein Studium tät enden und als ein ehrlicher Jurist im Jahr des Herrn 1589 in Heidelberg die glückliche Wiederkehr feiern …

An dieser Stelle breche ich meine kurze Nacherzählung des Galeerensklavenlebens ab, wie es uns Michael Heberer in seiner *Aegyptiaca servitus* 1610 übermittelt hat. Er macht deutlich, dass wir schamlos übertreiben mit der Redensart »schuften wie ein Galeerensklave«. Deren Leben verlief oft kurz, weil der Dienst zu hart, die Verpflegung zu schlecht, der Ersatz durch neue Sklaven zu billig war. Heberers Bericht macht gleichzeitig deutlich, dass es ab und zu Freiräume gab, die kleine Geschäfte und mit Glück auch die Befreiung durch Lösegeld ermöglichten.

Besonders hart fiel die Galeerenstrafe in christlichen Ländern aus, wo seit dem Ende des 15. Jahrhundert zu Tode Verurteilte zuweilen zum Ruderdienst begnadigt wurden. Diese waren angekettet oder angeschmiedet. In Frankreich hielt sich die Verurteilung zum Rudern auf Galeeren bis in die Mitte des 18. Jahrhunderts, im osmanischen Reich bis Ende des 19. Jahrhunderts. In der Antike dagegen gab es weder Galeerensklaven noch Galeerensträflinge, auch wenn Hollywood-Filme uns das weismachen möchten.

Ein altes Sprichwort, das es in vielen europäischen Sprachen gibt, trifft aber wohl immer noch zu: »Die heimlichen Diebe sind auf den Galeeren und die öffentlichen Diebe in Palästen.«

Mit allen Wassern gewaschen sein

Wasser taucht in den Redensarten natürlich nicht nur im Zusammenhang mit der Schifffahrt auf, sondern es ist auch das Element der Reinlichkeit. Da »wäscht jemand seine Hände in Unschuld«, was schon in den Psalmen 26 und 73 der Bibel wörtlich vorkommt. Berühmter und damit sprichwörtlich wurde freilich ein anderes Reinigungsritual. Im Matthäus-Evangelium wäscht sich Pontius Pilatus nach dem Prozess gegen Jesus die Hände und damit symbolisch das Blut des Todesurteils ab. Er befindet: »Ich bin unschuldig an dem Blut dieses Gerechten.«

Angeblich hätte Pilatus seinen Richtspruch gern vermieden, aber er wusste, dass es unmöglich war, nach dem Grundsatz zu verfahren: »Wasch mir den Pelz, aber mach mich nicht nass!« Sauberkeit war zwar grundsätzlich ein hoher Wert, doch Wasser galt bis ins späte 18. Jahrhundert gleichzeitig als unangenehm, ja gesundheitsgefährdend. Der Pelz seinerseits stand häufig stellvertretend für die Haut, wobei »jemandem den Pelz waschen« hieß »jemanden kritisieren«. Noch heute sagt man ja »jemandem den Kopf waschen«. Kritik ist natürlich in der Regel unangenehm. Das lässt sich nicht vermeiden, so wie Waschen ohne Wasser unmöglich ist.

Wenn ein Mensch aber »mit allen Wassern gewaschen« ist, dann geht es um Salzwasser. Seeleute, die über die sieben Weltmeere gefahren waren, hatten nämlich so manchen Schwall davon abbekommen. Diese Fahrensleute waren also buchstäblich »mit allen Wassern gewaschen«, deshalb sehr erfahren und ließen sich nicht leicht übers Ohr hauen. Eher übertölpelten sie noch so manche Landratte, der sie Seemannsgarn erzählen konnten. So bildete sich im Laufe der Zeit die Bedeutung »verschlagen« und »durchtrieben« heraus. An der Küste oder an Bord sagte man von erfahrenen Seeleuten auch respektvoll: »He weet wat van Wanten.« Und im Englischen heißt es: *He's a man for all waters.* Also: »Er ist ein Mann für alle Meere (Gewässer).«

Wenn ein Seemann jemandem eine Ohrfeige verabreichte, »die sich gewaschen hat«, ging es dagegen um eine Qualitätsbezeichnung für eine besonders kräftige Ohrfeige. Der Ausdruck verdankt sich der älteren Redensart vom Kerl, »der sich nicht gewaschen hat«. Damit bezeichnete man ungepflegte und unkultivierte Menschen. Von hier aus konnte sich dann das Gegenteil als Lob entwickeln, also »ein Kerl, der sich gewaschen hat«. Das wurde schließlich allgemein als Qualitätswort verstanden.

Jemanden an den Kanthaken nehmen

Die Redensart passt zum Schlepptau und bedeutet »jemanden mitnehmen«, »jemanden abschleppen«, »mit jemandem weggehen«. Sie hat mit dem Schauermannshaken nichts zu tun, obwohl der auch »Kanthaken« heißen kann. Vielmehr gibt es ein altes Wort für »Genick«, nämlich »Kammhaken«, das bereits gegen Ende des 18. Jahrhunderts belegt ist. Dazu gehörte damals der Ausdruck »jemanden beim Kammhaken nehmen« in der Bedeutung »kraftvoll zugreifen«, »zupacken«, »jemandem beim Schlafittchen fassen«. Das Wort, das übrigens wohl auch für den Hahnenkamm gebraucht wurde, verstand man im Laufe der Zeit immer weniger, weshalb sich das gebräuchlichere »Kanthaken« anbot, mit dem man ja erst recht kraftvoll anpackte, Säcke beispielsweise.

Seemannsgarn spinnen

Es war einmal ein Seemann, der hatte sehr feine Hände. Seine Hände waren so fein, dass die Seife vor Freude gleich schäumte, kaum krempelte der Seemann am Waschbottich die Ärmel hoch. Natürlich spottete die ganze Mannschaft über ihn.

Der lange Steuermann rief: »Seht euch den Manikürstängel an mit seinen Damenpatschern!« Der Bootsmann rief: »Zimmermann, bring Sandpapier! Sonst rutschen die Hände von den Wanten!« Sogar der Smutje mischte sich ein: »Ich hab Stahlwolle und Sand zum Töpfescheuern. Das wird's auch tun!«

Der Seemann machte sich nichts draus. Er tat seine Pflicht. Und weil er sie gut machte, neckten ihn die anderen zwar, aber niemand krümmte ihm auch nur ein Härchen auf seinen feinen Händen.

Da kam das Schiff eines Tages in einen scheußlichen Sturm. Der zerriss alle Segel, bevor man noch »Ankerspill« sagen konnte. Kaum

jemanden an den Kanthaken nehmen

ein Seil, kaum ein Tampen, kaum eine Trosse an Bord, die nicht gerissen, zerplatzt und zerfetzt worden wäre. Es dauerte Tage, alle Schäden zu reparieren, und selbst dann fehlte es überall an Tauwerk.

Immerhin konnten sie nun weitersegeln. Doch kaum hatte das Schiff ein paar Knoten Fahrt, da fuhr eine Bö, was sag ich, eine Sturmfaust in das Schiff, dass die Masten fast waagrecht auf dem Wasser lagen. Sie hielten zum Glück, und noch mehr Glück war es, dass sich das treue Schiff wieder aufrichtete. Alle Mann hatten sich aber auch an die gegenüberliegende Reling gehangelt und über Bord gehängt.

Jetzt waren alle nass, aber froh, wieder auf Deck stehen zu können. Doch nach einem Blick umher sank ihnen der Mut. Viele Segel hatten gehalten, aber das meiste Tauwerk war wieder zerrissen. Wie sollten sie jetzt weiterfahren?

Da sagte der Seemann mit den feinen Händen: »Wartet mal! Ich hab eine Idee. Bringt mir alle Spinnweben, die ihr an Bord nur finden könnt!« Als sie spotten wollten, befahl der Kapitän mit lauter Stimme: »Spinnweben her! Sofort! Und alle Mann!«

Ehe man noch »Bugspriet« sagen konnte, war das Deck wie leer gefegt. Überall suchten die Leute nach Spinnweben. Und weil das Schiff, um ehrlich zu sein, ein treuer, aber sehr, sehr alter Kasten war, der vielleicht schon mit der Arche Noah Brüderschaft getrunken hatte, fanden sie die fast überall. Sogar in der Kapitänskajüte hingen die Weben grau und bauchig und schwer von der Decke. Und in der Kombüse, in der Back, im Laderaum. So dauerte es nicht lange, bis ein mächtiger Haufen vor dem Seemann mit den feinen Händen lag.

Der hatte unterdessen seine Seekiste geholt und – kaum konnte man »Davits« sagen, hatte er sein Reisespinnrad aufgebaut, das er immer mit sich führte. Die anderen staunten nicht schlecht, als er in den Haufen griff und anfing, fix wie ein Weberknecht zu spinnen, dass allen die Spucke wegblieb. Die feinen Finger flogen nur so hin und her zwischen dem Haufen und dem Spinnrad, und dann wirbelten und zwirbelten sie, bis nicht nur ein Fädchen, sondern ein herrlicher Faden sich kreiselnd auffädelte auf der Spindel, die sich drehte wie ein Wirbelwind. Schon musste der Seemann mit den feinen Händen die zweite Spindel nehmen. Da liefen alle Seeleute, um noch mehr Spinnweben zu finden. Der Kapitän befahl aber, dass sich vier gleich mit den Fäden zur Bord-Reeperbahn aufmachen sollten.

War das ein Laufen und Schnaufen und gar kein Raufen die nächsten Stunden! Nimmermüde spann der Seemann mit den feinen Händen. Nimmermüde sprangen die anderen, um Spinnweben zu holen und Spindeln zur Reeperbahn zu bringen. Nimmermüde flocht man dort Tau auf Tau. Ein Glück, dass es ein langer Tropentag war, denn so konnten sie viele Stunden arbeiten. Und während sie so arbeiteten, da erzählten und erzählten sie, bis alle Häfen und alle Wellen und alle Schiffe der Welt durchgekaut waren wie Kautabak nach acht Tagen Backentasche.

Als die Nacht so schnell einfiel, als hätte jemand »Topp!« gesagt, da lagen Seile und Taue an Bord, eine dreiviertel Meile lang und in allen Stärken. Den Seeleuten fielen die Augen zu, wo sie gerade standen oder saßen oder lagen, und alle schliefen, bis sie die Sonne am Bart kitzelte.

Ein wenig misstrauisch, das muss ich schon sagen, waren die Seeleute doch, als sie nun die Spinnwebseile überall an Bord anbrachten. Ganz vorsichtig ging das Heißen los. Es konnte ja schnell zum Reißen werden. Aber das Zeug hielt verdammt gut. Achtern und vorn riefen die ersten »Donnerwetter!« und »Wackerer Klabaster!« und noch mehr, was nicht zu verstehen war. Der Seemann mit den feinen Händen machte einfach mit und lächelte sich eins.

Nach einem Tag und einer Nacht konnte das Schiff die Fahrt fortsetzen – erst ganz langsam und dann: fast gar nicht mehr, denn die Sturmfaust kam zurück und schlug von achtern in die Wanten und Segel und Masten. Doch die Seile hielten, als wären sie von Stahl, und die Ersatzsegel hielten seltsamerweise auch, ja, das Schiff schoss einfach vorwärts, als wären dreiundzwanzig Pottwale vorgespannt und sieben Seekühe schöben achtern an. Noch bevor jemand »Stint« sagen konnte, waren sie in Yokohama und konnten gerade noch rechtzeitig die Segel reffen und beidrehen.

Da feierten sie den Seemann mit den feinen Händen und ließen ihn hochleben, etwa eintausenddreihundertundneunundachtzigmal, denn so viele Meter hat eine dreiviertel Seemeile, und so lang waren die Spinnwebseile. Weil die Hafenkneipen in Yokohama gut gefüllt waren – zum Kirschblütenfest hatte man siebzigtausend Tonnen Kirschblüten über See bringen lassen –, verbreitete sich die Kunde von dem Seemann mit den feinen Händen sehr schnell in die vier Himmelsrichtungen. Auf allen sieben Meeren hallte sein Ruf wider, und wenn irgendwo ein Tau oder ein Tampen riss, dann seufzte man an Bord: »Ach, hätten wir den Seemann mit den feinen Händen hier!« Und wenn ein Seil eisenfest hielt, dann sagte man: »Das ist Seemannsgarn vom Seemann mit den feinen Händen!« Weil Seeleute aber auch nicht gern Zeit verschwenden, hieß es bald nur noch »Seemannsgarn«.

Die Leute an Land wollten das alles nicht glauben. Wahrscheinlich, weil ihr Tauwerk nicht so gut hielt. Deshalb schimpften sie auf das Seemannsgarn und behaupteten, das sei alles nur erfunden. Und so entstand die Redensart vom »Seemannsgarn spinnen«.

P. S. Wenn Sie, werte Leser, jetzt auch denken, das sei alles nur erfunden, dann irren Sie sich gewaltig! Es sind nämlich höchstens siebenundneunzig Achtundneunzigstel erfunden. Dass die Seeleute aber beim stundenlangen Spleißen und Knoten und Segelnähen sich viele, viele Geschichten erzählten, die nicht immer wahr und manchmal geradewegs erflunkert oder gar erstunken waren, weshalb man das »Seemannsgarn spinnen« nannte, das ist schon wahr!

Das kann doch einen Seemann nicht erschüttern

Das geflügelte Wort entstammt einem Lied aus dem Film *Im Paradies der Junggesellen*, dessen Text so fortfährt: »Keine Angst, keine Angst, Rosmarie. Wir lassen uns das Leben nicht verbittern, keine Angst, keine Angst, Rosmarie. Und wenn die ganze Erde bebt und die Welt sich aus den Angeln hebt. Das kann doch einen Seemann nicht erschüttern.« Hört sich lustig und passend an, denkt man an das Klischee von den mutigen Seeleuten. Viele kennen den Text noch heute auswendig.

Es sangen damals drei Schauspieler: Hans Brausewetter (was für ein passender Name für ein Sturmlied!), Heinz Rühmann und Josef Sieber. »Damals« heißt übrigens 1939, noch genauer: Die Premiere fand am 1. August 1939 statt, also exakt einen Monat vor Kriegsbeginn. Rühmann hatte die Komödie um einen zweifach Geschiedenen und seine beiden Marinekameraden also schon unter den Nazis

produziert, aber das berühmteste Lied daraus gehört immerhin nicht zu den späteren Kriegsdurchhaltesongs der Marke *Ich weiß, es wird einmal ein Wunder geschehen* oder *Davon geht die Welt nicht unter.*

Allerdings passte es in seinem Ton und seiner Stimmung nur zu gut in die ersten Wochen fröhlich siegesgewisser deutscher Kriegszeit. Michael Jarys Komposition erklang also nur wenige Monate später beim »Wunschkonzert für die Wehrmacht«. Wieder sangen dieselben drei wie im Film, diesmal für die Männer der durch die englische Blockade gebrochenen *Bremen.* Der Liedtext freilich hatte sich Mitte Dezember mächtig verändert und lautete unter anderem jetzt so, wie man der damaligen *Wochenschau* entnehmen kann: »Wie gern hätt' Churchill uns blockiert. / You see it looks now black. / Das deutsche U-Boot torpediert / Ihm seinen Frühstücksspeck. / Ihn selber trifft ein jeder Schuß, / Die waves zu rulen ist jetzt Schluß / Die Nordsee ward ein deutsches Meer. / Nu kiekste hinterher. // Das wird den Ersten Seelord doch erschüttern, / lügt er auch, lügt er auch wie gedruckt. Wir werden ihn noch weiterhin zerknittern. / Siehste wohl, siehste wohl, Chamberlain. / Am Meeresgrund: three mighty ships. / Wir kriegen ihn noch an den Schlips. / Das wird den Ersten Seelord doch erschüttern, / Siehste wohl, siehste wohl, Chamberlain!«

In einer erneut leicht veränderten Form presste man das Lied auf Schallplatte, diesmal von anderen Sängern geträllert. Nach 1945 war es damit natürlich vorbei. Durchgesetzt hat sich auf lange Sicht der heitere, unverfängliche Text voller Seeklischees und Junggesellenübermut, den so manche Rosemarie allerdings wohl bis zum Überdruss gehört hat.

☆ ☆ ☆

Seemannszorn ist kurz.
An Bord kann man sich langen Streit nicht leisten.
Das Sprichwort wurde gern als Versöhnungseinleitung benutzt.

Nach dem Winde schaut der Schiffer, auch wenn er auf dem Lande.
Ähnlich: Dem Schiffer träumt von Wasser und Wind,
dem Bauern von seinen Ochs' und Rind.
Und: Der Schiffer meint, der Flachs wachse nur wegen des
Segeltuchs.
Oder: Wenn der Schiffer eine Tanne sieht, denkt er an den
Mastbaum.
In Russland: Die am Strande wohnen, sprechen gern von Schiffen.
Was einem in Fleisch und Blut übergegangen, was Routine und
Alltag ist, das prägt einen für immer und überall und schränkt die
Wahrnehmung ein.

Seemannsleven – Fremansleven.
Auf See ist man frei von vielen bürgerlichen und obrigkeitlichen
Beschränkungen.

Seemann keen Mann.
Aus Frauensicht, weil er oft fort, unzuverlässig ist, gefährdet lebt.

Once a captain, always a captain.
Einmal Kapitän, immer Kapitän. Man kann seine Haut nicht
ablegen. Positiv: Man behält immer seine Autorität und Fähigkeit.
Negativ: Man will immer befehlen.

Entweder Fürst oder Matrose.
Italien. Im Sinne von »sein oder nicht sein«. Friss, Vogel, oder stirb.

Eine Nussschale Wein, gegossen ins Meer,
macht dem Neptun den Kopf nicht schwer.
Launiger Trinkspruch, aber auch Bezeichnung von
Unbedeutendem oder sehr Kleinem.

De Piksgrabber het ook Pik an de Büksen.
Der Pechanfasser/Kalfaterer hat auch Pech an den Hosen.
Das sagte man, um klarzustellen, dass Pechflecken oder andere
einem Matrosen nicht übel anstehen, weil er ja damit täglich
umzugehen hat.
Wie bei: **Pech und Teer Schiffers Ehr.**
Später benutzte man die plattdeutsche Redensart auch,
um Leute zu verspotten, die ewig sitzen bleiben.

Ik well wol 'n Ante op't Water setten un sehen, of se schwemmt.
Ich will wohl eine Ente auf das Wasser setzen und sehen, ob sie
schwimmt. Für Selbstverständlichkeiten oder um zu betonen,
dass jeder in seinem Element das Richtige tun wird.

Das Focksegel aufsetzen.
Für Brille aufsetzen, weil das Focksegel das Großsegel wie die Brille
die Augen unterstützt.

Er schmeckt nach Salzwasser.
Sagte man von jedem Seemann oder seemännischer Lebensart.
Dagegen: Das schmeckt nach Süßwasser.
Abschätzige Aussage der Seeleute über Meinungen einer Landratte.

Er riecht nach See. Ähnlich: Er hat Seefüße.
Hohes Lob für Fahrensleute. Ursprünglich natürlich Bezeichnung
der Standfestigkeit auf dem schwankenden Schiff.

Mag er seine Nackenhaare und dreizehn
seiner besten Rippen brechen!
Holländischer Matrosenfluch.

Bäckerschnack und Bootsschnack soll kein Mann führen.
Norwegen. Hüte dich vor dem Klatsch in der Backstube und im
Fischerboot!

Wer auf dem Schiff geboren ist, fürchtet das Meer nicht.
Was man mit der Muttermilch aufgesogen hat, erscheint einem
normal.

Keep your ain fish-guts to your ain sea-maws.
Behalte deine eigenen Fischeingeweide für deine eigenen
Seemöwen. Irisch-schottisch. Jeder soll sich um seinen eigenen
Dreck kümmern.

Wer unter Segel gegangen ist, muss an Bord bleiben.
Auch: Wer im Schiff ist, muss mit fort.
Mitgegangen, mitgehangen. Wer A sagt, muss auch B sagen.

Einen guten Seemann erkennt man im Sturm.
Auch: Beratet auf See, wer das Schiff führen soll.
Samoa. Die extreme Anforderung entlarvt alle Schaumschläger
und zeigt die Experten. In der Praxis trennt sich Spreu vom Weizen.

Wer Fische fangen will, darf nicht wasserscheu sein.
Frankreich. Trockenen Fußes fängt man keine Langusten.
Man muss Nachteile in Kauf nehmen, um etwas zu gewinnen.

Es ist gut genug für Seesoldaten, wenn's die Matrosen nur glauben.
Seeleute gelten als erfahren und weniger leicht zu täuschen als
die Seesoldaten, die oft zum Dienst gepresste Landleute waren,
die nicht viel Erfahrung hatten.

Matrosen erkennt man nicht an den Hosen.
Auch: Es ist nicht jeder Matrose, der eine Schiffsjacke trägt.
So in vielen europäischen Sprachen. Äußerlichkeiten blenden,
täuschen, machen noch nicht die Sache aus.

Venture a small fish to catch a great one!
Riskiere einen kleinen, um einen großen Fisch zu fangen.
Ähnlich: *Throw a sprat to catch a whale!*
Wirf eine Sprotte als Köder aus, um einen Wal zu fangen!

Umschreibungen für den Tod:
Er ist abgesegelt.
Man hat ihm die Füße gespült.
Er ist zwischen Schiff und Ufer gefallen.
Er ist Fischfutter.
Er hängt an Kohlen.
He ligt vöör sien leste Anker.
He ligt in Jaffa. Wegen der klanglichen Ähnlichkeit zu
»jappen/japsen«.
He geit na Rötterdam. Wegen der klanglichen Ähnlichkeit zu
»röcheln«.
He slipped his cable. Er hat sein Ankertau losgelassen.

er ist abgesegelt

Den Anker geschluckt haben.
Auch: Er hat den letzten Anker ausgeworfen.
In England: *To swallow the anchor.*
An Land bleiben, sich zur Ruhe setzen.

He hett sine vulle Ladung.
Er ist besoffen, voll beladen.
Auch: *Dien Kumpass het Miswiesning / is verdrait.*
He has a red bowsprit.
Er hat einen roten Bugspriet. Er hat eine rote Nase vom Trinken.

He holt meer Luuf as de anner.
Ursprünglich: Er kann mehr in Luv segeln, also mit größerer
Geschwindigkeit. Dann allgemein vom Übertreffen eines anderen.

Wer nich uppasst, moot voor de Mast.
Mangelnde Aufmerksamkeit wurde durchs Binden an den Mast
bestraft. Nicht zu verwechseln mit den Leuten »vor dem Mast«.
Das waren die Matrosen in der Back, im Gegensatz zu den
Offizieren, deren Kabinen hinter dem Mast, also achtern, lagen.
Vor dem Mast war es nicht nur enger, sondern auch rauer, da man
dort natürlich viel mehr von Wind und Wellen auszuhalten hatte.

He het 'n Kaper up de Küste.
Er hat einen Kaperer, Rivalen an Land.

Sie tun nichts als laden und löschen.
Seemannsspruch über fruchtbare Frauen.

Vegesack fegt den Sack.
Weil das Städtchen Vegesack bei Bremen zu den Hafenorten
gehörte, wo die Seeleute ihre Heuer auf den Kopf hauten,
sodass ihr Geldsack bald leer war.

*Freten mi d' Fisch, kam ick up 'n Disch; lat ick mi verkülen, denn mutt
ick verfelen.*
Fressen mich die Fische, komme ich auf den Tisch; lasse ich mich
begraben, dann muss ich verfaulen. Mich frisst du vielleicht,
dich fressen bloß die Würmer.

Auf dem Schiffe sind die Matrosen Trumpf.
Russland. Auf dem Schiffe sind Matrosen für das Überleben
wichtig. Das Notwendige zählt mehr als der Stand.

Solange das Schiff auf dem Meer ist, gehört's dem Steuermann.
Der Eigner kann nicht beurteilen, was auf See das Richtige ist.

De Schipper gifft dat ut, de Stüermann hett't Kommando.
Der Schiffer/Kapitän hat das Sagen, der Steuermann hat das
Kommando.

Der beste Steuermann ist zuerst im Hafen.
Der erfolgreiche Ausgang einer Sache erweist die Qualität.

He pilots through all cliffs.
Er lotst durch alle Klippen. Er ist mit allen Wassern gewaschen,
sehr erfahren und findig.

He rides the Spanish mare.
Er reitet die spanische Mähre. Die Bestrafung an Bord englischer
Schiffe bestand darin, dass der Delinquent bei gutem Seegang
ganz außen auf eine Spiere geschickt wurde, wo er sich
rittlings niederzulassen und die extremen Pendelbewegungen
mitzumachen hatte.

Ein Schiffer muss auf gut Glück fahren.
Und: Der Schiffer führ' nicht übers Meer, wenn er verzagt
im Herzen wär'.
Ohne Wagemut kann man nicht Seemann sein, weil es immer
unvorhergesehene Umstände gibt.

Den Schiffer erkennt man am Gefährt, den Reiter am besten
auf dem Pferd.
Wie der Schiffer sein Schiff in Schuss hält, daran erkennt man
seine Qualität, beim Reiter an der Art seines Reitens.

Wer Jungfrauenhände hat, muss mit einem Schiffer nicht
Klapphand spielen.
Spott über Unterlegene oder feine Pinkel. Klapphand ist ein derbes
Scherz- und Schlagspiel.

Nicht jeder gute Schiffer ist ein guter Fischer.
Spiel mit der Wortähnlichkeit und der Ähnlichkeit der Tätigkeit,
nämlich auf dem Wasser arbeiten, wobei aber ganz andere
Fähigkeiten gefragt sind.

Wenn der Schiffer »Land« ruft, kann man noch nicht aussteigen.
Man soll nichts zu früh tun.

Wer einen Schiffer zum Freund hat, bekommt einen
guten Platz an Bord.
Beziehungen verschaffen Vorteile.

Fleisch und Blut geben einen schlechten Steuermann ab.
Es kommt auf den Geist und den Mut an, weniger auf den Leib.

Ein guter Schiffer mit dem Segel laviert, aber niemals seine
Fassung verliert.
Man soll sich in widrige Gegebenheiten schicken, ohne zu
jammern oder gar die Nerven zu verlieren.

Wer auf See ist, muss segeln oder untergehen.
Die See fordert Einsatz, bestraft Untätigsein.

Wer über See geht, ändert wohl das Gestirn, aber nicht das Gehirn.
Im Wesen bleiben sich Menschen gleich.

He's got no ballast in him.
Er hat keinen Ballast in sich. Er ist ein schwankender,
entschlussloser Mensch.

He has an oar in every boat.
Er hat ein Ruder in jedem Boot. Er mischt sich überall ein.

Bist du ein Wassermann, so such dein Brot nicht auf dem Lande.
Schuster, bleib bei deinem Leisten! Lebe deinem Wesen gemäß.

Den Anker achter'm Herd haben.
Seine Schäfchen im Trockenen haben.

Geiz und Ehr treibt die Leute übers Meer.

Die Gier nach Besitz und Ehre lässt die Menschen die Sicherheit des Landes verlassen.

Flaute, Wellen, Ratten

Redensarten und Sprichwörter
über die Meere, das Wetter und die Seebewohner

Sich freuen wie ein Stint

Man kann sich den eher kleinen Speisefisch, der zu den Lachsfischen gehört, nur sehr schwer erfreut vorstellen, denn zu schlecht ging es ihm im letzten Jahrhundert.

Die Redensart hat auch nur indirekt mit ihm zu tun. Sie bezieht sich auf den plattdeutschen Ausdruck *stint* für einen dummen Kerl. Diese Bezeichnung wiederum hängt mit dem mittelhochdeutschen Wort *stunz* zusammen, was »stumpf« oder auch »kurz« heißt. Von der zweiten Bedeutung haben die Stinte ihren Namen, die meist nur

um die zwanzig Zentimeter lang sind. Von der ersten kommt die Redensart. »Stumpf« stand für dumme oder einfältige Leute, die man sich dümmlich grinsend vorstellte. Es kann zusätzlich der schwedische Ausdruck *stinta* für »halbwüchsiges Mädchen« hineinspielen. Jedenfalls bezeichnete die Wendung erst eine kindische, dümmliche Freude, später aber – über den Umweg der Ironie – eine ganz besondere, überaus große Freude.

Die Ratten verlassen das sinkende Schiff

Ratten fahren seit mindestens zweitausend Jahren auf Schiffen, und mit großer Wahrscheinlichkeit gelang ihnen damit die Verbreitung in alle Welt. Heute fällt es den klugen Hausratten, den eigentlichen Schiffsratten, schwer, auf modernen Schiffen Fuß zu fassen, Wanderratten dagegen schaffen es schon.

Ob sie wirklich einen bevorstehenden Untergang spüren und von Bord gehen? Auf See wäre das Verhalten dämlich, im Hafen von Bord des lecken Kahns zu trippeln, erscheint dagegen als sinnvoll. Wirkliche Beweise für das Verhalten oder nur eine Sensibilität der Ratten für Untergänge fehlen. Der starke Aberglaube der Schiffer jedoch ließ an der Sache keinen Zweifel zu. Literarisch und bildlich verbreitete sich die Überzeugung der Seeleute: »Ein Schiff, das die Ratten verlassen, geht unter.«

Kurios an der Sache bleibt, dass die Ratten ja grundsätzlich sehr vernünftig handeln. Die Redensart wird aber immer verächtlich oder anklagend verwendet. Ja, soll man denn lieber mit Mann und Maus untergehen? Wer handelt schon gern nach dem Motto »Besser ein ersoffener Held als eine lebende Schiffsratte«? Mit ein wenig Nachdenken scheint die Redensart von einem ruchlos sparsamen Reeder erfunden worden zu sein, der seinen Seelenverkäufer gern gut bemannt in den Untergang schicken wollte. Ob dazu das folgende deutsche Sprichwort gebildet wurde? »Die Ratten kreischen wider das Meer, aber bald ist verschlungen ihr Heer.« In Bulgarien hat man die Sache mit den Ratten und dem Schiff dagegen positiv formuliert: »Wenn die Ratten genug zu fressen haben, wird das Schiff sicher in den Hafen segeln.« Bleibt noch anzumerken, dass sich Seeleute scherzhaft selbst gegenseitig als »Wasserratten« titulierten, weil das Wasser ihr Element war.

Es herrscht Flaute

Das Wirtschaftsleben scheint ohne dieses Bild gar nicht mehr auszukommen, seit sich Krisen an Krisen reihen. Da herrscht Flaute am Arbeitsmarkt, eine Konsumflaute oder Flaute an der Börse. An Windstille denkt fast niemand mehr dabei, nur noch an eine irgendwie schlechte Lage oder Situation, in der nichts mehr geht, sondern alles am Boden liegt.

Über mindestens zweieinhalb Jahrtausende war die Flaute eine Situation, die Segelschiffe und ihre Besatzungen in Trübsinn und Verzweiflung versetzen konnte. Fehlte der Wind, kam man nicht weiter oder musste rudern, was aber nicht mit jedem Schiff möglich war. Besonders fürchtete man die Rossbreiten und den Kalmengürtel, Gebiete, in denen wegen besonderer Hoch- beziehungsweise Tiefdruckphänomene praktisch Dauerflaute herrscht. Hing ein Schiff hier lange fest und kam auch mit dem Ziehen durch Beiboote nicht recht weiter, warf man angeblich Pferde über Bord, die jeden Tag viel Trinkwasser verbrauchten. Warum man sie nicht wenigstens verzehrte, erschließt sich mir freilich nicht.

Sonnenklar erscheint angesichts dieser und anderer Flautenfolgen die Verehrung einer Schutzheiligen: der Santa María del Buen

Ayre. Und wenn Sie jetzt an Argentinien denken, dann haben Sie vollkommen recht. Buenos Aires wurde nämlich 1536 von Pedro de Mendoza auf den Namen Ciudad del Espíritu Santo y Puerto Santa María del Buen Ayre getauft. Man nannte den Ort entweder so, weil man sich für die Schutzheiligen der spanischen Seeleute und der günstigen Winde bedanken wollte, oder, weil der Kaplan Mendozas der in Cagliari verehrten Nuestra Señora del Buen Aire besonders zugetan war. Die hatte mit guten Winden ursprünglich wenig zu tun. Ihre Kirche wurde Anfang des 14. Jahrhunderts nur auf einem Berg errichtet, der Buen Ayre hieß, weil hier die Luft viel besser war als im schon damals smoggeplagten Cagliari. Der Name erschien jedoch so sprechend, dass die spanischen Seeleute sie zur Patronin erkoren.

In seiner neuen Siedlung konnte sich Mendoza trotz der Schutzheiligen nicht halten, sodass Buenos Aires 1580 noch einmal gegründet wurde. Juan de Garay entschied sich für: Ciudad de La Santísima Trinidad y Puerto de Santa María del Buen Ayre (Stadt der Heiligsten Dreieinigkeit und Hafen der Heiligen Maria der guten Lüfte). Dass der Name auf Dauer allen viel zu lang wurde, liegt auf der Hand. So reduzierte sich die Stadtbezeichnung – trotz der Gefahr, die Dreifaltigkeit samt Seefahrerpatronin zu verärgern – auf die beiden Wörter am Ende: Buenos Aires.

Zum Schluss noch ein spanisches Sprichwort zum Thema: »Vor Flauten behüte uns Gott, vor Stürmen schützen wir uns selbst.«

Das ist ja ein Kaventsmann

Inzwischen hat sich der Spezialausdruck aus der Seefahrt allgemein etabliert. Dabei bezeichnet er mal etwas besonders Großes, Gewaltiges, mal dient er als Lob für einen beeindruckenden Menschen. Wenn man auf See einen Kaventsmann sieht, bleibt einem die Spucke weg. Es handelt sich nämlich um eine mächtig große Welle. Seltsamerweise bedeutete das Wort ursprünglich geradezu das Gegenteil von einer Bedrohung. Früher hießen Bürgen und Gewährsleute Kaventsmänner. Das kam vom lateinischen Wort *cavens*, was man mit »Beistand leistend« übersetzen kann. Bürgen konnten natürlich nur wohlhabende Leute, denen der Wohlstand oft noch ziemliche Beleibtheit erlaubte. So ergab sich die Bedeutung »reicher Mann«, dann – zuerst sicher scherzhaft verwendet – »dicker Mann« und schließlich »Prachtstück«. Ein Prachtstück ist der Kaventsmann auf alle Fälle, ein erschreckendes dazu, das schon so manches Schiff versenkt hat.

Dann ist Holland in Not!

Wenn jemand diesen Ausdruck verwendet, empört er sich, vielleicht warnt er jemanden auch: »Wenn du das tust, dann ist Holland in Not!« Das erinnert an eine ähnlich klingende Redensart ähnlicher Bedeutung: »Dann ist Polen offen!« Die lässt sich leicht damit erklären, dass die alte polnische Königsmacht ab dem 16. Jahrhundert immer schwächer wurde, wodurch das Land Angriffen gegenüber schutzlos ausgeliefert, also offen war.

Bei »Holland in Not« kann man auf die niederländische Version zurückgehen, die *Holland is in last* lautet. Natürlich dachte man dabei an die ständige Gefährdung des Landes durchs Meer. Mehrfach standen nach katastrophalen Sturmfluten weite Teile der Niederlande unter Wasser. Die Wellen fraßen sich unerbittlich ins Land hinein. Allerdings schützte ihre ausgefuchste Deich und Pumpkunst die Bewohner im Lauf der Jahrhunderte immer besser.

Gerade weil sich die Holländer der Macht des Meeres so bewusst waren, kamen sie auf die Idee, die Fluten auch als Kampfmittel einzusetzen, denn ihr Gebiet war ja oft in Not, wenn wieder einmal fremde Heere einfielen. So öffneten oder zerstörten die Holländer gezielt Deiche, als Ludwig XIV. das Land mit Krieg überzog. Damit konnten sie die feindlichen Soldaten ertränken, am Marsch hindern und an der Versorgung aus einem Land, das plötzlich zum Meer geworden war.

Noch gut hundert Jahre früher gab es im Niederländischen eine Redensart, um einen überempfindlichen Jammerlappen zu verspotten: *Bijt him een vloo, soo is Holland in last.* Hier macht man sich über jemanden lustig, der bei der kleinstmöglichen Unannehmlichkeit eines Flohbisses gleich so schreit, als sei nicht nur er gequält worden, sondern ganz Holland in Not – durch Meer oder Heer.

Am Anfang steht also wahrscheinlich der Warn- und Alarmruf, der in dem Spottwort eine weitere Bedeutung bekam. Dass die Redensart sich leicht im Bereich des plattdeutschen Sprachraums ausbreiten konnte, liegt auf der Hand. Die kleine Münze von geringem Wert, der Duit, zeigt es ja auch. Er kam durch Handel und Wandel ins Deutsche, wo er sich bald in den Deut verwandelte. Und deshalb heißt es »es interessiert mich keinen Deut«.

Gib ma Butter bei die Fische!

Den launig umgangssprachlichen Spruch sagt man zu jemandem, der zum Punkt kommen, wesentlich werden oder sich endlich angemessen engagieren soll. Ursprünglich kam der Ausdruck von der Küste und hieß: »Butter bei de Fische haben«. Im Plattdeutschen verwendete man nur die Artikel *de* und *dat*. Das »die« in der Redensart – grammatikalisch schlicht falsch – ergab sich also wohl bei der Übertragung ins Hochdeutsche aus der Unsicherheit der Norddeutschen in Fragen des persönlichen Artikels. Der Fehler machte aber auch den umgangssprachlichen Reiz aus; ähnlich wie bei »Nachtigall, ick hör dir trapsen« oder: »Wat dem een sin Ul, is dem annern sin Nachtigall.«

Wer sich jedenfalls Butter zum Fischgericht leisten konnte, der war wohlhabend, denn dieses Fett war teuer. Zuerst bedeutete der Ausdruck »Butter bei de Fische haben« also bloß, reich zu sein.

Weil die Butter dem Fischessen zur feinen Abrundung und Vollendung verhalf, konnte sich der Ausdruck weiterentwickeln. Ohne Butter fehlte ja etwas zum Ganzen. Deshalb konnte man bald jemanden auffordern: »Nun gib ma Butter bei die Fische!«

Gegen Wellen kämpft man nicht mit Schneiderellen.
Spott über kleinmütige und vorsichtig abwägende Menschen oder über lächerlich unpassende Maßnahmen.

Die Wellen gehören auch mit zum Meer.
Man kann das eine ohne das andere nicht haben. Goethe meinte einmal: »Die Flöhe und die Wanzen gehören auch zum Ganzen.«

Das schlafende Meer ist das Zifferblatt des Sturmes.
Einerseits Wetterregel, andererseits Mahnung zur Vorsicht. Trügerische Stille, in der sich Unheil zusammenbraut.

De Noordsee is 'n Mordsee.
So reimte man, weil die Stürme und Sturmfluten häufig und heftig, die Sandbänke zahlreich und gefährlich waren.

Die See ist beides, stark im Geben und stark im Nehmen.
Norwegen. Es gibt keinen Gewinn ohne Gefahr.

Er klagte wie eine brechende Welle.
Norwegen. Besonders laut klagen.
Wortspiel mit dem brechenden Herzen.

Das Meer ist nicht so gefährlich, als Mädchen sind begehrlich.
Im alten Rom sagte man: *Amor vincit omnia*. Die Liebe besiegt alles.
Da die See die Gefahr in Reinkultur ist, ist das Lob der Mädchen
hier besonders hoch getrieben.

Wenn sich ein Paar die Hand geben will, so schadet das Meer nicht.
Die Liebe überwindet größte Hindernisse, überbrückt größte
Entfernungen.

Im Meer ertrinkt kein Fisch.
Kommentar zu Unmöglichem. Auch ein aufmunternder Spruch,
in schwieriger Situation weiterzukämpfen.

Das Wasser hat Zähne.
Aqua dentes habet.
Geflügeltes Wort aus Petronius' *Satyricon*.
Das scheinbar Nachgiebige und Weiche ist gleichwohl gefährlich.

Das Meer nennt den Nil seinen Bruder,
aber der Sumpf hadert mit dem Nil.
Äthiopien. Große Menschen sind großmütig,
Kleingeister mäkeln gehässig herum.

Das Meer wirft mehr Schaum aus als Sand und mehr Sand
als Bernstein.
Estland. Die wirklichen Gewinne sind besonders selten.
Man muss lange suchen, um sie zu finden. Der Schaum ist nichts
wert. Mit dem Sand kann man immerhin etwas anfangen,
ist er auch »wie Sand am Meer« vorhanden, aber der kostbare
Edelstein findet sich selten. Kostbares ist rar.

Wenn der Schnee auf den Strand fällt, hält er sich für Meerschaum.
Spott über dünkelhafte, eingebildete Leute. Wortspiel, denn
Meerschaum ist einerseits der Wellenschaum an der Küste,
andererseits das vergleichsweise kostbare Material, aus dem
Pfeifen und Ähnliches geschnitzt wurde.

Na hogen Floden kamt lage Ebben.
Nach hohen Fluten kommen tiefe Ebben.
Was hoch steigt, muss tief fallen.

Alle Winden hebben Weerwinden.
Alle Winde haben Widerwinde. Jedes Ding hat zwei Seiten.
Aktion führt zur Reaktion.

Beides muss man berechnen: Tiefe und Untiefe.
Island. Gefahr kann in beiden Fällen drohen. Man soll nicht nur
in eine Richtung aufmerksam, vorsichtig sein.

Auch der beste Wind kann es nicht allen Schiffen recht machen.
Allen Menschen recht getan ist eine Kunst, die niemand kann.

The sea complains it wants water.
Das Meer meckert, dass es Wasser möchte. Spott über gierige Leute.

Thaugh ye tether time and tide, love and light ye canna hide.
Schottland. Auch wenn du Zeit und Gezeiten anbindest,
Liebe und Licht kannst du nicht verbergen.

Come wi' the wind an' gang wi' the water.
Schottland. Komm mit dem Wind und gehe mit dem Wasser.
Das heißt: Nutze den Fahrtwind beim Heimkommen und das
abgehende Wasser beim Fortfahren.

De mott en scharp Mess hewwen, wei Wind snien wil.
Der muss ein scharfes Messer haben, der den Wind schneiden will.
Einerseits Spott über Menschen, die Unmögliches versuchen
wollen, andererseits Lob für Seeleute, die hart an den Wind gehen,
die wagemutig kreuzen.

Das Meer treibt nicht alle Tage einen Wal an Land.
Das Glück kommt sehr selten, und kommt es einmal, soll man
nicht auf eine Wiederholung hoffen. Spott über faule Leute.

Allbot (alles) *helpt, segt dat Migemken* (Ameise) *un pisst in de See.*
Im Türkischen sehr ähnlich: Der Urin der Fliege hilft dem Meer.
In anderen Sprachen ist es eine Maus. Kleinvieh macht auch Mist.
In Russland hieß es früher spaßig: Der Narr pisst in die See,
nun wird's ein Meer werden, rief er.

Drop by drop the sea is drained.
Tropfen für Tropfen wird die See ausgetrocknet. Kleine Ursache,
große Wirkung. Ähnlich wie: Steter Tropfen höhlt den Stein.

Das Meer besteht nur aus Tropfen.
Aufmunterndes Sprichwort. Selbst das scheinbar Unermessliche ist
aus Einzelheiten zusammengesetzt. Etwas ähnlich: Eine Reise von
tausend Meilen beginnt mit dem ersten Schritt.

Das Gute tu und wirf es ins Meer, weiß es der Fisch nicht,
so weiß es der Herr.
Bulgarien, auch arabisch. Man soll keinen Lohn für gute Taten
erwarten, geschweige denn einfordern, sondern sie nur um ihrer
selbst willen tun. Das Meer steht hier für das völlige, endgültige
Verschwinden, Vergessen.

Gnade und Meer fragen nicht wohin und woher.
Die Gnade soll ohne Rücksicht auf Äußerlichkeiten,
ohne Grund und Absicht sein wie das Meer.

Flacher Boden, hohe Wellen.
Estland. In Russland: Die Wellen im Golf gehen höher
als die Wellen im Meer.
Nahe Ufer und stark gegliederter Untergrund sollen zu höheren
Wellen führen. Unterschiedliche Anwendungen: Man soll auf die
Umstände achten. In der Enge und in der Menge kommt es
schneller zu Gefühlsaufschaukelungen als in der Weite und der
Einsamkeit. Es kann auch spöttisch gesagt werden in der Art: Es ist
nur ein Sturm im Wasserglas.

Die Newa ist zwar breit, aber der Finnische Meerbusen ist breiter.
Russland. Man soll sich nicht übermäßig aufplustern,
denn es gibt immer noch jemanden, der größer, wichtiger ist.
Absolute Größe gibt es nicht.

Er ist wie ein Anker, der stets im Wasser ist und nie
Schwimmen lernt.
Italien. Spott über unfähige und faule Leute.

Wer an den vier Meeren Freunde hat, glaubt,
überall Orchideenduft zu riechen.
China. Die Chinesen gingen nicht von den sieben Meeren aus,
sondern von vier. Gemeint ist also überall.

Er sieht das Meer vor Wellen nicht.
Auch: Er fragt nach der See und steht am Ufer.
Er sieht den Wald vor lauter Bäumen nicht.

Wenn du vom Regen belästigt wirst, kannst du jederzeit
ins Meer tauchen.
China. Jammere nicht über die akute Unbequemlichkeit,
denn sie könnte viel schlimmer sein oder werden.

Man kommt aus einem Meer ins andere, aber nur durch
enge Straßen.
Der Übergang von einer wichtigen Sache zu einer anderen
ist in der Regel mühsam.

Willst du Drachenfleisch kosten, steige ins Meer.
China. Das Meer ist so gefährlich wie der Kampf mit einem
Drachen.

Wenn du vom Regen belästigt wirst,
kannst du ins Meer tauchen

I am quite at sea.
Ich verstehe nichts, habe die Orientierung verloren,
weiß nicht mehr Bescheid.

Nicht jeder Grund ist Ankergrund.
Prüfe, bevor du handelst. Richte dich nicht nur
nach Äußerlichkeiten.

Wenn eine Welle da ist, muss ein Wind da sein.
China. Keine Wirkung ohne Ursache.

Jeder Kapitän kennt seine Knoten.
Estland. Alles ist subjektiv und individuell.
In Fidschi sagt man: Jede Bucht hat ihren eigenen Wind.

Hat sich der Wind gelegt, rollen die Wellen noch weiter.
China. Vieles wirkt länger, als man denkt. Man soll
die Nachwirkungen bedenken.

Wenn der rote Teich vom Roten Meer hört,
schlägt er hohe Wellen.
Russland. Kleine, äußerliche Ähnlichkeiten verführen
den Kleingeist, sich in falschem Stolz zu wiegen.

Der Fisch sagte: »Ich habe so viel zu sagen,
aber mein Mund ist voller Wasser.«
Georgien. Spott über Schwätzer, Einfaltspinsel oder
Leute mit wenig Redetalent.

Fisch: „Ich hab so viel zu sagen, aber mein Mund ist voll Wasser!"

Wer das Meer zum Nachbarn hat, der bekommt Wellen
zum Morgengruß.
Auch: Wer das Meer zum Gatten hat, wird Wellen gebären.
Russland. Man muss sich nicht über Folgen wundern, die klar
waren. Bestimmte Umstände bedingen bestimmte Folgen.

Es gehört viel Zucker dazu, das Meer zu versüßen.
Spott über unmögliche Projekte. Forderung, dass sich jemand
anstrengen solle, Verzeihung zu erlangen.

Steh nicht am Ufer und sehne dich nach Fisch,
geh heim und webe ein Netz.
China. Sehnsucht und Tagträume machen nicht satt.
In Russland sagt man: Willst du Kaviar, geh auf Störfang.

Am Strande ist der Damm stolzer, als wo er ins Meer ausläuft.
Russland. Ohne Bedrohung ist leicht mutig sein.

Wer mit dem Meere kriegt, ist bald besiegt.
Kämpfe nicht gegen übermächtige Gegner.

Gott hat das Meer geschaffen, aber der Holländer/Friese das Ufer.
Menschen können der Natur erfolgreich trotzen und
gemäß dem biblischen Gebot sich die Erde untertan machen.

Hölle, Geizhals und Meer wollen immer mehr.
Alle drei sind unersättlich. Beschimpfung der immer Gierigen.

Beim Neumond zur See, beim Vollmond auf dem Lande.
Schifferregel, da das Wetter angeblich davon beeinflusst wurde.

Die See lässt nicht mit sich scherzen.
Auch: Spotte über das Meer, aber nicht, wenn du auf dem
Schiff bist!
Russland. Einerseits Aberglauben, andererseits Ratschlag,
niemanden unnötig zu provozieren, der einem schaden könnte.

Ein Schiffer kann nicht fahren, wohin er, sondern wohin
der Wind will.
Es geht nicht immer nach dem eigenen Kopf. Deshalb muss man
sich die stärkeren Umstände zunutze machen.

In der See suche nicht nach Erdbeeren.
Auch: Auf hoher See wirft niemand Anker.
Tue nichts Widersinniges.

Dem Menschen ist kein Ding zu schwer,
er bohrt die Erde und misst das Meer.
Einerseits Lob des Wagemuts, andererseits Hinweis
auf die Hybris des Menschen.

Wo See gewesen ist, wird auch wieder See sein.
Deiche helfen nur zeitweise. Nichts von uns bleibt.

Lobe die See, aber bleib auf dem Land.
Auch: Die See kann große Schätze geben, doch bleibt an Land,
wer liebt sein Leben.
In allen europäischen Sprachen überlieferte Seewarnung.

Der Spieler wirft sein Gut ins Meer hinein,
um es am Ufer wieder zu sammeln ein.
Polen. Die Dummheit der Handlung liegt auf der Hand.

Den Stein, den ein Narr ins Meer geworfen hat,
können zehn Kluge nicht herausholen.
Einerseits zeigt es, dass von Dummen angerichteter Schaden leicht
entsteht, aber schwer aus der Welt zu schaffen ist, andererseits
beweist das Sprichwort, dass auch Weise an ihre Grenzen stoßen
können.

Es gehören hohe Stelzen dazu, durchs Meer zu gehen.
An Übermütige gerichtet, solche, die Unmögliches versuchen
oder das Maul sehr weit aufreißen.

Er hat Seewasser getrunken.
Wenn jemand nie befriedigt ist, immer mehr will, gierig bleibt.

Drei Dinge geben die besten Dienste aus: Kirche, Meer
und Königshaus.
Weil man dort wirklich Karriere machen kann.

Auch der größte Fluss muss dem Meer sein Wasser geben.
Es gibt immer noch größere Dinge oder Menschen auf Erden,
denen man sich unterwerfen muss. Falscher Stolz schadet.

Habsucht führet kreuz und quer, zuletzt ins Tote Meer.
Gier führt ins Verderben.

Es ist egal, wie kräftig du einen toten Fisch ins Wasser wirfst,
er wird dennoch nicht schwimmen.
Republik Kongo. Lass ab von sinnlosen Unternehmungen!
Die Lakota sagen: Wenn du merkst, dass du ein totes Pferd reitest,
steige ab.
Man hält ja wirklich allzu oft wider besseres Wissen
an Dingen und Personen fest.

Ein Hummer liebt das Wasser, doch nicht, wenn er darin
gekocht wird.
Senegal. Die Umstände sind entscheidend. Alles im rechten Maß
und in rechter Art. Die Dosis macht das Gift.

Dem Walfisch die rote Tonne hinwerfen.
Ihn ablenken vom Jagdboot und vom Harpunier.

Mit einer silbernen Harpune trifft man die fetteste Robbe und mit einer goldenen den feistesten Walfisch.
Bestechung und Großzügigkeit lohnen sich.

Aus einem Seehund wird keine Landratte.
Sein Wesen verändert man nicht.

Dem Seehund schadet's nicht, eine Möwe zur Feindin zu haben.
Lass dich von Fremden nicht stören, die in anderen Sphären herumschwirren.

Hab erst Kaviar, und man wird dich schlachten wie einen Stör.
Reichtum ruft viele Neider auf den Plan.

Wer sich zum Walfisch macht, nach dem wirft man Harpunen.
Bestimmtes Verhalten provoziert erst bestimmte Reaktionen.

Der Krebs will den Walfisch zwicken.
Auch: Dem Walfisch schadet es nicht, wenn ein Stint nach ihm schnappt.
Spott über mickrige, nicht satisfaktionsfähige Gegner. Auch eine Aufforderung, mit Kleingeistern und Frechen nicht zu streiten.

Es gehören viele Heringe dazu, einen Walfisch zu vertreiben.
Auch: Eine Schar Heringe vertreibt einen Walfisch.
Einerseits Spott über die Versuche Kleiner, einen Großen zu vertreiben, andererseits: In Gemeinschaft ist auch der Kleine unerhört stark.

Der Drache wird in seichtem Wasser zur Zielscheibe der Krabben.
China. Selbst Mächtige können unter Umständen von Verachteten
und Kleinen erfolgreich angegriffen werden.

Wenn das Meer wild ist, kommen die schwarzen Krabben herauf.
Hawaii. Wenn der Druck groß ist, kommen selbst Unwillige.

Die Krabbe hat wohl kein Blut, aber doch Zorn.
Surinam. Es herrschen nicht überall gleiche Verhältnisse,
und es ist gefährlich, Kleine und Fremde zu unterschätzen.

Die Krabbe hat keinen Kopf, weil ihr Magen zu gut ist.
Jamaika. Wer viel frisst, denkt wenig.

Als der Hecht den Stint verschluckt hatte, fraß ihn der Hai.
Die kleinen Fische fressen die großen.

Der Hai nennt das Krokodil gefräßig.
Das sagt man, wenn jemand etwas kritisiert, das er selbst tut.
Nach dem Motto: Das sagt der Richtige!

Vor dem großen Hai sind auch die kleinen nicht sicher.
Macht kennt kein Recht, keine Rücksicht.

Dem Hai die Zähne putzen.
Etwas besonders Mutiges tun. Tollkühn sein.

Wo der Hai im Wasser spielt, da ist gefährlich Schwimmen lernen.
Wer sich in Gefahr begibt, kommt darin um. Sei nicht tollkühn.

Wer den Kaviar verehrt, muss den Stör nicht hassen.
Wer genießt, soll sich auch Gedanken machen, woher etwas
stammt. Man kann die Frucht nicht ohne den Baum haben.
Vorteile erfordern es, Nachteile in Kauf zu nehmen.

Es ist so klein kein Aal, er meint, er wär ein Wal.
Ähnlich: Jede Muschel will eine Auster sein.
Übersteigerte Ideen kommen oft gerade bei besonders kleinen
Leuten vor. Spott über Gernegroße und Angeber.

Heute Aal und morgen Aal, das ist eine Qual.
Immer das Gleiche will niemand, ermüdet, ist lästig.

Ein Aal, der Salat essen will, muss an Land kommen.
Spott über Leute, die gerne etwas Besonderes wollen, es aber nicht
mit Nachteilen erkaufen möchten.

Einen Aal auf den Knien zerbrechen.
Etwas Unmögliches tun. Der Aal ist ja ein Muster an Flexibilität
und Nachgiebigkeit.

Den Aal mit einem Feigenblatt fangen.
Etwas klug anfangen. Das Feigenblatt ist nämlich rau.
Schon bei Erasmus von Rotterdam.

Aal, Kohl und Verdruss man als Abendkost nicht nehmen muss.
Alles drei liegt im Magen und bedrückt im Bett.

Es sind viele Perlen im Meer, aber die Taucher kann man zählen.
Wenige Fleißige und Mutige nutzen die Möglichkeiten,
die sich überall bieten. Faulheit und Feigheit gibt es überall.

Wer Perlen erlangen will, muss sich tief wagen.
Ohne Fleiß kein Preis. Wer wagt, gewinnt.

Es sind nicht in allen Muscheln Perlen, aber man muss sie alle durchsuchen.
Auch: *Don't trust appearances: look into oysters and clams.*
USA. Traue nicht dem Anschein: Schaue in Austern und Muscheln!

As happy as a clam.
So glücklich wie eine Muschel. Deren geschwungen geöffnete Schalen sah man als immer lächelnden Mund an.

As sound as a roach.
USA. So stark/gesund wie ein Rochen. Wie ein Fisch im Wasser!

Es gibt mehr Muscheln als Perlen.
Es gibt mehr Nieten als Gewinnlose.

Wer wie eine Seegurke aussieht, taucht besser nach Perlen.
Spott über hässliche Menschen.

Aus einer Muschel einen Jakobsmantel machen.
Absurdes tun oder etwas aufbauschen. Die Jakobsmuschel war das Pilgerzeichen der Jakobspilger nach Santiago de Compostela. Sie trugen es am Hut oder am Mantel. Daraus einen Mantel zu machen, wäre absurd, beziehungsweise hieße, etwas sehr aufzubauschen.

Ruhe macht in Muscheln Perlen.
Gelassenheit und Ruhe sind hohe, wertvolle Tugenden.

Er ist wie ein Delfin, der am lustigsten ist, wenn's wettert
und donnert.
Auch: Wenn der Delfin kommt spielend hervor,
so steht ein naher Sturm bevor.
Nach Überzeugung des Plinius schon
zeigten Delfine nahende Stürme an.

Ein Fisch, der im Suppenkessel schwimmt,
hat nicht mehr lang zu leben.
China. Ende im Gelände. Die Situation ist aussichtslos.

Wo das Wasser versiegt, beginnen die Fische zu fliegen.
China. Die Umstände erzwingen ungewöhnliche
Verhaltensweisen. Habe Hoffnung, sei kreativ!

That fish will soon be caught that nibbles on every bait.
Der Fisch wird bald gefangen sein, der an jedem Köder knabbert.
Neugier ist gefährlich.

Um einen Lachs zu fangen, verliert man gern einen Angelhaken.
Kleine Investitionen und Risiken lohnen sich,
wenn es Chancen auf große Gewinne gibt.

Man muss Gott auch für den Stint danken, den man statt
des Lachses gefangen hat.
Gib dich zufrieden mit dem, was du hast, selbst wenn es weniger
ist, als du erhofft hast.

Schon mancher hat einen Lachs geangelt, der ausging,
einen Stint zu fangen.
Man kann nie wissen, was man bekommt. Unverhofft kommt oft.

Er weiß, wo ein Fisch unter dem Stein liegt. /
Da liegt ein Fisch unter dem Stein.
Island. Er ist findig und klug.

Faulfische sollst du fortwerfen, wenn sie auch feist
und glänzend aussehen.
Island. Lass dich vom äußeren Anschein nicht täuschen.

Das hat alles Krebsgang.
Island. Alles geht verkehrt.

Geht eine Fischgeschichte aus, so fliegt eine Walgeschichte.
Island. Beim Erzählen wird im Laufe der Zeit alles größer.

Odysseus bezirzt den Klabautermann

Redensarten und Sprichwörter über Mythen, Legenden, Religion, Aberglaube

Eine wahre Odyssee hinter sich haben

Das berühmte griechische Epos Homers mit dem Titel *Odyssee* beschreibt, wie der Ithakerkönig Odysseus nach zehn Jahren Krieg um Troja weitere zehn Jahre benötigte, um in die Heimat zurückzukehren. Stürme, Ungeheuer, dumme Begleiter, verführerische Nymphen und wütende Götter verlängerten seine Heimreise. Seit etwa dreitausend Jahren liebt man die Geschichte. Kein Wunder, dass sich viele Redensarten ihr verdanken.

Da ist »die wahre Odyssee« selbst, womit man eine verwirrende, lästige Tour durch Instanzen, Zimmer, Organisationen und so weiter meint. Zum Glück dauert die meistens nicht zehn Jahre!

Immerhin begegnete Odysseus auf seinen Fahrten auch Angenehmes. Er traf eine wunderschöne Göttin, die ihn verführen wollte. Ihr Name? Circe. Zuerst verwandelte sie freilich seine Männer in Schweine. Bei Odysseus klappte der Zauber nicht, weil er vom Götterboten Hermes ein Gegenmittel bekommen hatte. Ins Bett ging er dann doch mit ihr, allerdings erst, nachdem sie ihm geschworen hatte, ihm in keiner Weise zu schaden. Insofern hatte sie ihn doch rumgekriegt, weshalb man noch heute sagt, jemand sei bezirzt worden. Circe verwandelte die Schweine später wieder in Männer, außerdem warnte sie Odysseus – nachdem sie lange Zeit Bett und Tisch geteilt hatten – vor den nächsten Gefahren auf dem Seeweg.

Da lauerten die Sirenen auf ihrer Insel. Die sahen von ferne reizvoll aus; erst in der Nähe erkannte man, dass sie halb Vogel, halb Frau waren und tödliche Ungeheuer. Noch reizvoller hörte sich ihr Gesang an, ja so überaus reizvoll, dass alle Schiffer ihr Ruder in Rich-

eine Odyssee

tung Sireneninsel herumwarfen und blind vor Sehnsucht und Liebe auf die Sängerinnen zusteuerten. Doch bevor sie ihnen richtig nahe kommen konnten, liefen sie auf die gefährlichen Riffe der Insel auf, sanken und starben. Ein Meer von Knochen und zerborstenen Schiffen lagerte sich um die Insel an. Selbst wer zu ihnen gelangen konnte, wurde von den Sirenen getötet. Niemand konnte dem Zaubergesang der ungeheuerlichen Wesen widerstehen. Odysseus aber nannte sich manchmal Niemand, und außerdem hatte ihn Circe über die tückischtödlichen Künstlerinnen aufgeklärt. Weil er den wunderbaren Gesang hören, aber nicht sterben wollte, befahl Odysseus seinen Leuten kurz vor der Sireneninsel, sich Wachs in die Ohren zu stopfen und ihn selbst an den Mast des Schiffes zu binden. So konnten sie gefahrlos vorüberfahren. Die Ruderer hörten ja weder die Sirenen noch ihren verzweifelten Befehlshaber, der bettelte, man möge ihn losbinden, denn die verführerische Musik machte ihn verrückt. Ob er so ganz klug gewesen war? Er vergaß den Sirenengesang nämlich nie, und eine tiefe Sehnsucht quälte ihn lange Zeit. Die Sirenen wurden aber redensartlich. Man beschimpfte verführerische Frauen mit diesem Namen, tat Lockangebote als »bloßen Sirenengesang« ab und nannte schließlich Warnsignale so, die mittels Luft, die durch enge Löcher gepresst wird, entstehen. Noch heute werden sie von Feuerwehr, Polizei und Krankenwagen verwendet. Bei ihnen besitzen die Sirenen ebenfalls einen unwiderstehlichen Klang, der mit Leben und Tod zu tun hat.

Nach diesem Abenteuer lauerte eine Doppelgefahr auf Odysseus, die redensartlich wurde. Er musste zwischen zwei Inseln hindurch, auf denen zwei Ungeheuer lebten. Das eine nannte man Skylla. Es lebte in seiner Höhle auf einem Berg, hatte zwölf Klauen und sechs lange Hälse mit sechs schrecklichen Köpfen. Charybdis hieß das andere Ungeheuer. Es schluckte dreimal täglich Massen von Wasser und spuckte sie dreimal täglich wieder aus. Wer in ihren gewaltigen Strudel geriet, wurdc in die Tiefe gezogen. Wenn man – wie Odysseus und seine Männer – zwischen den Inseln hindurchmusste, hatte man sich also zwischen zwei Übeln zu entscheiden. Als das Schiff zwischen die beiden Inseln fuhr, entschloss sich Odysseus, gegen Skylla zu kämpfen. Doch der Charybdis-Strudel erschreckte ihn so sehr, dass er näher an Skylla heransteuerte. Weil alle auf die Strudel schauten, bemerkten sie nicht, wie sechs Hälse herabschossen, wie sechs Mäuler sechs Männer packten und sie aus dem Schiff rissen. Ihre Schreie kamen zu spät. Sie schwebten schon außer Reichweite. Odysseus konnte nur noch zusehen, wie Skylla sie auffraß. Immerhin entkam er mit dem Rest der Mannschaft. Wegen dieser Geschichte hört oder liest man heute noch, dass jemand sich zwischen Skylla und Charybdis befinde oder entscheiden müsse, also zwischen zwei ähnlich scheußlichen Alternativen.

Viele Jahre verbringt Odysseus dann auf der Insel der göttlichen Nymphe Calypso, die ihn zu ihrem unsterblichen Gatten machen möchte. Er jedoch will lieber heim zu seiner Frau Penelope. Der Nymphe zu Ehren nannte der Meeresforscher Jacques Cousteau sein Forschungsschiff *Calypso*, und ein Tanz heißt auch nach ihr.

Auf zu neuen Ufern – das Nonplusultra

Von Magie versteht der Professor Faust bei Goethe viel und weiß selbst mächtige Geister zu beschwören. Von seinen eigenen Fähigkeiten begeistert, murmelt der Gelehrte in seiner dunklen Stube: »Wie anders wirkt dies Zeichen auf mich ein! / Du, Geist der Erde, bist mir näher; / Schon fühl' ich meine Kräfte höher, / Schon glüh' ich wie von neuem Wein, / Ich fühle Mut, mich in die Welt zu wagen, / Der Erde Weh, der Erde Glück zu tragen, / Mit Stürmen mich herumzuschlagen / Und in des Schiffbruchs Knirschen nicht zu zagen.«

Als wüssten seine Worte mehr als er, spricht er schon den Schiffbruch an, den er allzu bald erleiden wird. In rot zuckendem Licht erscheint der Geist tatsächlich, doch Faust, der gerade noch so mutig schwadronierte, erträgt weder des Geistes Ausstrahlung noch seine Machtfülle. Was für eine Schmach! Was für eine Niederlage!

Verzweiflung macht in Faust sich breit, Überdruss am Leben und Sehnsucht nach dem Tode, der ihm als Pforte erscheint, durch die er gehen müsse. Das Giftfläschchen nimmt er vom Bord und preist es: »Ich grüße dich, du einzige Phiole, / Die ich mit Andacht nun herunterhole! / In dir verehr' ich Menschenwitz und Kunst. / Du Inbegriff der holden Schlummersäfte, / Du Auszug aller tödlich feinen Kräfte, / Erweise deinem Meister deine Gunst! / Ich sehe dich, es wird der Schmerz gelindert, / Ich fasse dich, das Streben wird gemindert, / Des Geistes Flutstrom ebbet nach und nach. / Ins hohe Meer werd' ich hinausgewiesen, / Die Spiegelflut erglänzt zu meinen Füßen, / Zu neuen Ufern lockt ein neuer Tag.«

Doch bevor Faust trinken kann, hört er Ostersang. Er fühlt sentimentale Rührung, erinnert sich der Kindertage und verzichtet für diesmal auf die Selbstabschaffung.

Es spielt Goethe in seinem *Faust* hier nicht zum einzigen Mal, doch besonders reizvoll mit dem weiten Metaphernmeer der Seefahrt. Zu gut passt es zu seinem ins Uferlose strebenden Helden. Es fasziniert dabei, wie stark sich die Redensart »auf zu neuen Ufern«, die aus einer Selbstmordszene stammt, von ihr emanzipiert hat. Selbst in Kirchenkreisen findet niemand etwas dabei, sie zu verwenden. Die »neuen Ufer« haben sich ganz richtig als Begriff für ein unbekanntes Land durchgesetzt, das es zu erreichen gilt, weil es lockt, weil der Aufbruch dorthin ein besseres Leben verspricht. Dass es das Leben nach dem Tode betrifft, wissen die wenigsten. Für Faust ist der Tod das sprichwörtliche »rettende Ufer«, weil er verzweifelt auf dem Meer der Enttäuschung umherdümpelt. Er beweist gleichzeitig das Streben über die Grenzen des Bekannten, das man seit alter Zeit als *plus ultra*, also »darüber hinaus« bezeichnete. Als Motto wählten sich selbst Kaiser wie Karl V. diese Formel, die aus einer älteren entstand: *non plus ultra*, also »nicht darüber hinaus«.

Diese Worte galten als Warnung. Angeblich brachte sie der mythische Held Herakles am Ende der Welt an, damit Schiffer nicht von hier aus in ihr Elend fuhren. »Uferlos« sei das Meer danach, was sich als Redensart für Erschreckendes und Unermessliches einbürgerte. Den Grenzort mit der Warntafel nannte man »die Säulen des Herakles«, worunter viele die Meerenge von Gibraltar verstanden. Das klingt überzeugend, bildet sie doch die Grenze des Mittelmeers, das die Griechen, die Phönizier und schon die Ägypter recht gut kannten. Gleichwohl soll Odysseus gerade diese warnende Behauptung »bis hierher und nicht weiter«, wie man sie auch oft übersetzte, gereizt haben. Er fuhr über die Grenze und kam doch nach Ithaka zurück. In der Antike wusste man außerdem vom Atlantik, man erkundete ihn früh, trieb Handel mit dem fernen Thule und bezog Zinn aus Cornwall. Es unterschied das *non plus ultra* die mutigen Menschen voll Wissensdurst von den furchtsamen, traditionshörigen, welche die Grenzen des Denkens und Handelns ängstlich anerkannten. Für diese galt die äußerste Schranke auch bald als Bezeichnung für das Erreichbare, das Optimum. Deshalb sagt man noch heute – ob auf dem Land oder dem Meer – zu einer Bestleistung, sie sei das Nonplusultra.

Die Inseln der Seligen

Die Paradiesvorstellung der alten Griechen dient heute häufig der Beschreibung einer gewissen Weltfremdheit oder einer beneidenswerten Weltabgeschiedenheit. Die »Inseln der Seligen« dienten den Götterlieblingen unter den Sterblichen als herrliche Wohnstatt, wo es dreimal im Jahr honigsüße Früchte gab und ewiges Wohlleben. Am Westrand des Ozeans sollten die Inseln liegen.

Wie fast immer im Mythos gibt es unterschiedliche Versionen, sodass die einen sagen, die Günstlinge der Götter seien noch zu Lebzeiten dorthin versetzt worden, wo sie auf ewig vom Tod verschont wurden, die anderen, sie seien nach ihrem Tode dorthin gekommen. Manche meinen, sie seien dem Elysium, wie es Homer schildert, gleich und die Heroen lebten dort. Einigen können sich alle darauf, dass die »Inseln der Seligen« ein paradiesischer Ort sind, den man ohne Göttersegen nicht erreichen kann.

Das berühmteste Schiff der Menschheit *oder* Die vielen Redensarten zur Sintflut

Regen, immer mehr Regen, Massen von Regen: So etwas nennt man schon mal eine Sintflut. Das gleicht einer schamlosen Übertreibung, denn die biblische Strafüberschwemmung bedeckte alle Lande, ersäufte alle Menschen, alles Getier, alle Pflanzen.

Wirklich alle? Nein, Noah, »ein frommer Mann«, wie die Bibel weiß, bekam rechtzeitig eine göttliche Warnung und den Auftrag, ein Riesenrettungsboot zu bauen: »Das Ende alles Fleisches ist bei mir beschlossen, denn die Erde ist voller Frevel von ihnen; und siehe, ich will sie verderben mit der Erde. Mache dir einen Kasten von Tannenholz und mache Kammern darin und verpiche sie mit Pech innen und außen. Und mache ihn so: Dreihundert Ellen sei die Länge, fünfzig Ellen die Breite und dreißig Ellen die Höhe. Ein Fenster sollst du daran machen obenan, eine Elle groß. Die Tür sollst du mitten in seine Seite setzen. Und er soll drei Stockwerke haben, eines unten, das zweite in der Mitte, das dritte oben. Denn siehe, ich will eine

Sintflut kommen lassen auf Erden, zu verderben alles Fleisch, darin Odem des Lebens ist, unter dem Himmel. Alles auf Erden soll untergehen.«

Die Bauanleitung des Herrn klingt seltsam genau und ungenau. Und wieso überhaupt Kasten? Wenn von der »Arche Noah« die Rede ist, dann heißt das wirklich »der Kasten Noahs«, denn das lateinische Wort *arca* für »Kasten« steckt dahinter. Da die Bibel über tausendfünfhundert Jahre lang meistens lateinisch gelesen wurde, verbreitete sich der Ausdruck auch in den Volkssprachen, wo sich der Ausdruck »Arche Noah« redensartlich als – oft letzte – Rettungsmöglichkeit etablierte. Mit dem griechischen Wort *arché*, das »Beginn«, »Herrschaft« bezeichnet, hat es nichts zu tun. Im hebräischen Urtext steht natürlich ein anderes Wort, nämlich *teba*. Das bedeutet ebenfalls »Kasten«, »Kästlein«, aber auch »Wort«. Es kommt nur zweimal im Alten Testament vor.

Wenn man weiß, dass für die jüdische Religion jeder Name hochbedeutend ist und von göttlichem Sinn durchzogen, dann untersucht man den Bericht genauer. Er steckt, wie übrigens die Bibel durchgehend, voller Zahlenmystik; Zahlensymbolik wäre ein zu schwaches Wort für die religiöse Dimension, die für jüdische Schriftgelehrte darin waltet. Im Hebräischen rechnete man, ähnlich wie im Römischen, mit Buchstaben, nicht mit Zahlen. Deshalb hatte jedes Wort auch Zahl-, jede Zahl auch Wortbedeutung. Die Maße 300 mal 50 mal 30 Ellen ergeben zusammen die drei Buchstaben Schin, Nun und Lamed, die wiederum zusammen den Wortstamm des Wortes *laschon* ergeben, das »Sprache« heißt. Und damit finge die Interpretation erst an, denn die Dauer der Sintflut, ihre Phasen und die unterschiedlichen Maße, die noch im dramatischen Bericht über die Rettungsaktion stecken, lassen sich als wohlberechnete Heilsgeschichte lesen. In dem schönen Buch *10 + 5 = Gott* kann man mehr über die faszinierende Welt der jüdischen Zahlenmystik erfahren. Für mich ist faszinierend genug: Die Sprache, das Wort, die doppelt in der Arche stecken, sind das Rettungsfahrzeug inmitten einer Katastrophe. Das trifft sich mit meiner Überzeugung, dass gerade Redewendungen und Sprichwörter weit mehr können als nur erheitern und erfreuen. Immer wieder haben sie tatsächlich Menschen gerettet. Aber das ist eine andere Geschichte.

Die Arche ist vielleicht das berühmteste Schiff der Welt, und so haben sich Forscher gefragt, ob so ein Kasten – übrigens kommt die abschätzige Bezeichnung für alte Schiffe wohl auch daher – überhaupt schwimmen könne. Nimmt man die Maße nicht nur mystisch, sondern ernst, ergeben sich bei einer hebräischen Elle von 45 Zentimetern eine Länge von 135 Metern, eine Breite von 22,5 und eine Höhe von 13,5 Metern. Das klingt eher nach einem schlanken Schiff, nicht nach einem Kasten. Damit könnte es eine Wasserverdrängung von 15 000 Tonnen gehabt haben. Ob das gereicht hätte, den zweiten Auftrag des Herrn zu erfüllen?

Gott sagt in der Bibel: »Aber mit dir will ich meinen Bund aufrichten, und du sollst in die Arche gehen mit deinen Söhnen, mit deiner Frau und mit den Frauen deiner Söhne. Und du sollst in die Arche bringen von allen Tieren, von allem Fleisch, je ein Paar, Männchen und Weibchen, dass sie leben mit dir. Von den Vögeln nach ihrer Art, von dem Vieh nach seiner Art und von allem Gewürm auf Erden, nach seiner Art; von den allen soll je ein Paar zu dir hineingehen, dass sie leben. Und du sollst dir von jeder Speise nehmen, die gegessen wird, und sollst sie bei dir sammeln, dass sie dir und ihnen zur Nahrung diene.«

Dieser Abschnitt zog die Menschen seit je besonders an. Millionen Bilder, Geschichten, Kompositionen existieren, die mal lustig, mal ernst – die Arche und dem Tiergewimmel gewidmet sind. Es ist kein Zufall, dass in dem bös-brillanten Film *Dr. Seltsam* von Stanley Kubrick, in dem die Welt unaufhaltsam einem apokalyptischen

Atomkrieg entgegentaumelt, als eine Art Leitmotiv immer wieder das Lied *The Animals Went Two By Two* gespielt wird; nur steht diesmal keine Arche bereit. Dass gerade in unserer Zeit, in der so viele Wild- und Haustierrassen, Wild- und Nutzpflanzen aussterben, das Wort von der Arche Noah verwendet wird, um verzweifelt-dringliche Rettungen zu bezeichnen, liegt auf der Hand. Dass sagenhafte Tiere wie das Einhorn nirgends zu finden waren, führte man übrigens darauf zurück, dass sie angeblich nicht an Bord durften oder zu spät kamen. So ähnlich erklärte es 1980 auch Lonzo Westphal in seinem redensartlich gewordenen Lied *Die Dinosaurier*, in dem Noah das zu große Paar Riesenreptilien im Regen stehen lässt: »Die Dinosaurier wer'n immer trauriger, die armen Saurier, die armen Saurier, denn Dinosaurier dürfen nicht an Bord.«

Zu Noahs Zeiten gab es lange keine Dinosaurier mehr. Und weil wir schon dabei sind, er sagte auch nie: Nach mir – beziehungsweise uns – die Sintflut! Das äußert heute jemand, der rücksichtslos seinen Vorteil sichert und dabei weiß, dass für andere nichts mehr übrig bleiben wird. Jedenfalls kümmert er sich nicht um die Folgen seines Handelns. Genau deshalb gebraucht man die Wendung auch als Kritik mit vorwurfsvollem Ton: »Ja, klar, nach dir/uns/euch die Sintflut!« Ursprünglich handelt es sich bei dem Sintflut-Spruch um ein geflügeltes Wort. Die Marquise de Pompadour soll 1757, nach der Schlacht bei Roßbach, gesagt haben: *Après nous le déluge!* Sie meinte es als eine böse Vorahnung in dem Sinne: Nach uns wird die Sintflut kommen und unsere Welt fortschwemmen; ein neues Zeitalter wird anbrechen. Wenige Jahre später findet sich das Pompadour-Zitat schon als Redensart verbreitet. Rasch gelangt es aus dem Französischen ins Deutsche und viele weitere Sprachen. Das Wort, das die Pompadour verwendete, *déluge*, kommt von dem lateinischen Ausdruck *diluvium*, der für die Sintflut verwendet wurde. In ihm steckt *diluere*, was »fortschwemmen«, »wegwaschen« bedeutet. Lange Zeit

vorsintflutlich

gab es deshalb für hoffnungslos altmodische, vollkommen rück-
wärtsgewandte Menschen das Schimpfwort »Antediluvianer«. Das
ist also einer, der noch aus der Ära vor der Sintflut stammt. Im Deutschen wurde daraus das Eigenschaftswort »vorsintflutlich« gebildet,
das immer noch gebräuchlich ist, um veraltete Wertvorstellungen,
Einrichtungen oder Techniken lächerlich zu machen.

Völlig veraltet, aber unausrottbar ist die Vorstellung, das Wort
»Sintflut« habe etwas mit der Sünde zu tun. Zu verführerisch ähnlich klingt es, außerdem vernichtet der Herr die Welt ja wegen der
Flut menschlicher Sünden, und die Fluten waschen die Sünden samt
Sünder von der Erde. Es setzt sich aber aus dem Wort *vluot*, aus dem
unsere »Flut« wurde, und *sin* zusammen, eine schon im germanischen vorkommende Vorsilbe, die »in einem, immerwährend, groß«
bedeutet. So hieß das Wort bis in Mittelhochdeutsche hinein in verschiedenen Schreibweisen *sinvluot* und damit »große Flut«. Schon

um 1500 kamen das T, später ein D im Wortinnern und die Interpretation als »Sündflut« auf, die bis heute lebendig geblieben ist. Im Hebräischen nannte man sie übrigens einfach *mabul*, was »Vermengung«, nämlich der Wasser der Erde und des Himmels, bedeutet. Als endlich Schluss mit Überflutung war, versprach der Herr, von jetzt an die Tiere und die Erde nicht mehr wegen der bösen Menschen zu bestrafen. Und obwohl er von der Sündhaftigkeit der Menschen überzeugt war – »das Dichten und Trachten des menschlichen Herzens ist böse von Jugend auf« –, schloss er eine Art Friedensvertrag mit Noah, dessen Zeichen der Regenbogen war. Er gab ihm sogar einen sehr fatalen Auftrag mit auf den Weg, wie sich die übrig gebliebenen Menschen nun verhalten sollten: »Seid fruchtbar und mehret euch.« Das nahmen Noah und die Seinen verdammt ernst. Heute haben wir den Salat. Nach uns die Sintflut?

Die Hoffnung stirbt zuletzt, und Sintflutgeschichten anderer Völker gehen ähnlich tröstlich aus wie die Noahs. Schon im akkadischen Gilgamesch-Epos, das die jüdische Arche-Geschichte wohl beeinflusste, wollen die Götter die Menschen vernichten. Auch hier wird ein frommer Mann, nämlich Ziusudra, gewarnt von einem Gott, er solle sein Haus abreißen, ein Riesenschiff bauen und dem Leben nachjagen. Der über dreitausend Jahre alte Bericht kennt ebenfalls die Rettung der Tiere, dazu kommen noch allerlei Wertsachen und einige Menschen mehr als bei Noah. Das Schiff gleicht hier wahrlich einem Kasten, denn Ziusudra baut einen würfelförmigen Holzschwimmkörper von jeweils etwa sechzig Metern Kantenlänge, in dem sieben Hauptdecks und dreiundsechzig Zwischendecks für Stabilität sorgen sollen.

In der altgriechischen Sintflutgeschichte kommt wieder ein Schiff vor. Es überlebt darin, vom Titan Prometheus gewarnt, nur ein Menschenpaar den Wasserzorn der Götter, Deukalion und Pyrrha mit Namen. Bei ihnen geht das mit dem Fruchtbarsein-und-Mehren recht flott. Sie holen einen Orakelspruch ein, wie sie denn nun die Erde bevölkern sollten. Die Antwort: Werft die Gebeine eurer Mutter hinter euch. Nach kurzem Rätseln kommen sie auf die Lösung. Ihrer aller Mutter ist die Erde, deren Gebeine sind die Steine. Die werfen sie nun hinter sich, und aus den Steinen Deukalions wachsen männliche Menschen empor, aus denen Pyrrhas weibliche. So geht das Leben wieder von vorne los.

Nikolaus, der beste Steuermann

Auf vielen Schiffen hielten es die Seeleute der christlichen Länder früher für keine Schande, im Sturm »Nikolaus, hilf uns!« zu rufen, was dann zu einer vielfältig gebrauchten Redensart wurde. Ursprünglich erhofften sie sich Rettung von ihrem Schutzheiligen. Warum war es gerade Nikolaus?

Er wurde zwischen 280 und 286 n. Chr. geboren und starb zwischen 345 und 351. Nikolaus gehört zu den populärsten Heiligen überhaupt, doch will ich mich auf seine Bedeutung für die Seefahrt beschränken. Dabei kommen Legenden ins Spiel. Als Bischof von Myra in Lykien – dem heutigen türkischen Demre – machte Nikolaus sich einen Namen. Doch der besonders prächtige Tempel der Artemis (oder in der lateinischen Form: Diana) bereitete ihm große Sorgen. Er fürchtete die jungfräuliche Fruchtbarkeitsgöttin, die zugleich bei den Seeleuten als Schutzgöttin verehrt wurde, als mächtige Glaubenskonkurrenz. Im heißesten Zorn brachte der Bischof seine Anhänger dazu, den Tempelbezirk der Artemis anzugreifen und in nimmermüder, viele Jahre dauernder Arbeit alles, was an sie erinnerte, zu zerstören. Er selbst aber rückte dadurch an ihre Stelle; ob das zu seinem Plan gehörte oder nicht. In einer weiteren Legende wird nämlich von einem Dämon in Frauengestalt berichtet, der Pilgern auf

See erscheint und ihnen ein Gefäß mit Öl übergibt. Das sollen sie in die Lampen der Nikolauskirche über dem Grab des Heiligen gießen. Kurz darauf befiehlt im Traum Nikolaus einem der Pilger, das Ölgefäß ins Meer zu werfen, was er am nächsten Morgen auch tut. Da erzeugt der weibliche Dämon, offensichtlich Artemis, einen fürchterlichen Sturm. Nikolaus erscheint jetzt selbst an Bord und bringt mit sicherer Hand und starkem Arm das Schiff in den Hafen. Manche behaupten, er habe den Sturm sogar gestillt. Wenn man jetzt noch erfährt, dass man den Geburtstag der Artemis am 6. Dezember feierte, wird deutlich, wie hier ein christlicher Heiliger die Rolle einer antiken Göttin samt Gedenktag übernimmt.

Sehr anschaulich und nahe am Alltag der Seeleute beschreibt dann auch die mittelalterliche *Legenda aurea* Nikolaus als Sturmretter: »Es geschah, daß Leute auf dem Meer fuhren, die kamen in große Not. Da riefen sie Sanct Nicolaus an und sprachen: ›Nicolae, du Knecht Gottes, wenn das wahr ist, was wir von dir haben gehört, so laß uns deine Hilfe erfahren.‹ Zustund erschien ihnen einer, der ihm gleich sah, und sprach: ›Ihr rufet mir, hier bin ich.‹ Und fing an und half ihnen an den Segeln und Stricken und anderem Schiffsgerät; alsbald war das Meer gestillt. Da sie nun zu Lande kamen, gingen sie zu seiner Kirche: und ob sie ihn gleich nie zuvor gesehen hatten, so brauchte ihn doch niemand ihnen zu weisen, und erkannten ihn alsbald. Sie dankten Gott und ihm für ihre Rettung. Er aber sprach: ›Nicht ich, sondern euer Glaube und Gottes Gnade haben euch geholfen.‹«

Schon im frühen Mittelalter riefen die Seeleute also in Sturmgefahren den Reim: *O sancte Nicolae nos ad portum maris trahe!* – »O heiliger Nikolaus, ziehe uns zum Hafen des Meeres.« Auf russischen Schiffen verließ man sich nicht nur auf Worte, man trug ein Bild des Heiligen bei Sturm auf dem Verdeck umher, um sich vor dem Tod zu bewahren. Und weil er Schutzpatron der Hanse und anderer

Schiffervereinigungen war, hießen sehr viele Kirchen in Seehandelsstädten St. Nikolai und wurden besonders reich ausgestattet.

Benjamin und Moses an Bord

Jakob war der Enkel Abrahams, der Sohn Isaaks und hieß, weil er mit Gott erfolgreich gerungen hatte, auch Israel, was »Gotteskämpfer« bedeutet. Zwölf Söhne gebaren ihm seine Frauen und deren Mägde, von denen ihm die Söhne Rahels am liebsten waren: Joseph und Nesthäkchen Benjamin. Statt Frieden zu halten untereinander, stritten zehn der Brüder mit Joseph. Er ließ sie aber auch überdeutlich seinen Stolz spüren. Also verkauften sie ihn, ohne Benjamin etwas zu sagen, in die Sklaverei nach Ägypten. Dort gelang Joseph überraschenderweise – nach einer Verurteilung als Ehebrecher und einer Haftstrafe – durch fleißigen Dienst der Aufstieg zum persönlichen Bevollmächtigten des Pharao. Als Traumdeuter hatte er richtig den göttlichen Hinweis auf sieben reiche Jahre und sieben fruchtlose Dürrejahre verstanden und durch kluges Handeln Ägypten vor einer Hungersnot bewahrt. Weil in den sieben dürren Jahren alle anderen Länder hungerten, zogen viele nach Ägypten, um Korn zu kaufen. So taten es auch zehn der Söhne Jakobs. Joseph gab sich ihnen nicht zu erkennen, aber er zwang sie, noch einmal zu kommen und dabei Benjamin mitzubringen. Beim zweiten Mal spielte er eine kleine Tragikomödie mit seinen Brüdern, bevor er ihnen seine Identität preisgab und sich versöhnlich zeigte. Dann bat Joseph sie, seinen Vater und ihre Familien zu holen, um mit ihnen in Ägypten zu wohnen. Siebzig Seelen waren es schließlich. Sie genossen große Ehre, Wohlstand und ein angenehmes Leben, denn Joseph besaß fast so viel Macht wie der Pharao. Die Kinder Israels vermehrten sich bald zu einem großen Volk. Das machte manchem Ägypter Angst, und als

Generationen vergangen waren und niemand mehr etwas von Josephs Rettungstaten für das Land wissen wollte, wandte sich der regierende Pharao gegen die Israeliten. Er ließ sie schwerste Zwangsarbeiten verrichten und gab ihnen wenig zu essen, um sie dadurch zu dezimieren. Als dies nichts half, befahl er den Hebammen, die Kinder zu töten. Sie weigerten sich aber. Schließlich befahl er, alle neugeborenen Söhne Israels in den Nil zu werfen und nur die Töchter leben zu lassen.

Da geschah es, dass einem Mann und einer Frau aus dem Hause Levi ein Knabe geboren wurde, den sie drei Monate vor den Mördern des Pharao verbergen konnten. Dann flochten sie ein Kästlein aus Schilfrohr, verklebten es mit Erdharz und dichteten es weiter mit Pech ab. Da hinein legten sie das Kind und setzten es aus im Schilf am Ufer des Nils. Ihre Tochter aber blieb in der Nähe. Es kam sehr bald die Tochter des Pharao, um im Nil zu baden, mit ihrem Gefolge. Als sie das Kästlein sah, ließ sie es sich bringen und öffnete es. Wie verwunderte sie sich, einen weinenden Knaben zu finden. Mitleid ergriff sie, und sie sagte: »Es ist eins von den hebräischen Kindlein.« In diesem Moment drängte sich seine Schwester durch das Gefolge und sagte: »Das Kind hat Hunger. Soll ich eine der hebräischen Frauen holen, die stillt, um es zu sättigen?« Die Tochter des Pharao war es zufrieden und gab den Findling durch die Hände seiner Schwester in die Obhut seiner klugen Mutter. Dort blieb er, bis er größer war, und wurde dann zur Tochter des Pharao geschickt. Sie nahm ihn als ihren Sohn an und nannte ihn Mose, denn sie sprach: »Ich habe ihn aus dem Wasser gezogen.«

Das ist in kurzer Zusammenfassung die Geschichte von Benjamin und Moses, die beide in Seemannskreisen und darüber hinaus redensartlich wurden. Es gibt ja in fast allen Gemeinschaften eine Bezeichnung für den Neuling oder den Jüngsten, erst recht an Bord von Schiffen. Da verwendete man durchaus – wie an Land in manchen

Betrieben oder Institutionen – den neckenden Namen »Benjamin« für den Schiffsjungen oder einfach den Dienstjüngsten. Das lag nach dem berühmten Jüngsten aus dem »Alten Testament« auf der Hand.

Beliebter ist noch auf Schiffen die liebevoll spöttelnde Bezeichnung »Moses« für Neulinge, die sich auf die Babyzeit des berühmten biblischen Propheten, des Führers des Volkes Israel aus der ägyptischen Gefangenschaft und durch die Wüste bezieht. Schließlich hatte er als Kleinstkind schon Schiffserfahrung im Binsenkorb sammeln können. Dass sein Name auch noch bedeuten soll »ich habe ihn aus dem Wasser gezogen«, war in der christlichen Seefahrt bekannt und eignete sich zu weiterem Spott. Es mag vielleicht außerdem hineingespielt haben, dass man auf spanischen Schiffen die Neulinge *mozo* nannte, was »Bursche« heißt, doch die biblische Geschichte war wesentlich wichtiger. Zum Trost für Schiffsjungen konnte man ein Sprichwort hören, das hieß: »Je trauriger der Moses im Schilf, um so näher die Hilfe.« Neckisch aufgelegt, nannte man noch kleine Beiboote nach dem wahrlich winzigen Bibelwasserfahrzeug aus Binsen ebenfalls »Mose« oder »Moses«.

Heiliger Klabautermann!

Der Schiffsjunge fürchtet sich. Die Nacht ist zwar dunkel, doch er sieht eine kleine schemenhafte Gestalt. Als sie sich nähert, wird sie eher unsichtbar und verschwindet doch nicht als Spuk. Kaum mehr als einen halber Meter misst das schwärzliche Männchen mit dem Hammer in der Hand und dem leuchtend roten Gesicht. Wieselflink verschwindet es im Stauraum. Doch wie? Keine Luke steht offen. Vernehmlich werden leichte, dann lautere Schläge. Die Erscheinung hämmert dort unten. Will sie die Bordwand durchschlagen? Der Schiffsjunge ruft den Zimmermann zu Hilfe, der gerade eine Pfeife an der Reling raucht: »Ich hab etwas gesehen! Und dann war es weg. Ein Männchen mit Hammer. Dort unten schlägt es. Hört ihr es nicht auch?« Der Zimmermann lacht nicht. Er lauscht. Dann klopft er dem Jungen auf die Schulter. »Gut gemacht! Und keine Angst! Das war bloß der Klabautermann. Gleich bei Morgengrauen schau ich mir die Sache an. Er zeigt uns, wenn er gut bei Laune ist, die undichten oder gefährlichen Stellen. Aber sag mir, wann hast du Geburtstag?« »Am 22. Februar, Herr. Wieso?« »Dachte es mir schon. Es sehen ihn nicht viele, weißt du. Die mit den drei Zweiern aber schon.« Und tatsächlich fand der Schiffszimmermann am nächsten Morgen eine angeknackste Spante unter Deck, die er rasch richtete.

Solche und ähnliche Geschichten erzählte man sich an Bord früher oft, und die Seeleute, die Beistand aller Art auf ihren gefährlichen Fahrten bitter nötig hatten, fanden nichts dabei, sich einen Schiffskobold vorzustellen. Wie er zu seinem Namen kam? Das kann man so einfach nicht sagen, da er vor dem 19. Jahrhundert sehr unterschiedlich genannt wurde. So liest man außer Klabautermann Klabattermann, Klabatersmänneken, Klabotermann und schließlich Kalfatermann. Vom Kalfatern, also dem Abdichten der Holzplanken mit Werg, Pech und Teer, soll der Name stammen, weil er dem Schiffszimmermann durch Hämmern die schadhaften Stellen mit einem Kalfathammer anzeige. Das Wesen schien also grundsätzlich gutwillig aufgelegt, zumal es angeblich sogar die Takelage in Ordnung brachte oder Segel ausbesserte. Doch angeblich trieb es auch so manchen Scherz mit den Seeleuten. Die meisten von ihnen sprachen nur gut vom Klabautermann und zeigten sich glücklich, ihn an Bord zu wissen. Als eine Art Schutzgeist stand er für glückliche, sichere Fahrt. Umso schlimmer, wenn er das Schiff verließ. Dann folgten bald die Ratten, und schließlich ging das Schiff unter.

Seeleuten, die sich nicht an die Regeln ihrer Zunft hielten, die verbrecherisch waren oder gar versuchten, ihrerseits mit dem Klabautermann Scherz zu treiben, bestrafte der Geist angeblich. Deshalb unterstellten ihm manche überhaupt böse Eigenschaften. So sind Redensarten zu erklären, die ihn als bedrohliche Gestalt verstehen: »Frau an Bord – oder auch: Orgel an Bord – bringt den Klabautermann.« Beide Redensarten sind wohl nicht allzu alt, denn Frauen kamen gerade bei Schiffen, auf denen der Eigner Kapitän war, nicht selten vor und waren ein vertrauter Anblick. Orgeln dagegen gehörten nur äußerst selten zur Bordausstattung, sieht man von einem Harmonium hie und da ab. Dass sich ein wackerer Klabautermann davon habe anlocken lassen, erscheint nicht recht zur üblichen Logik des Aberglaubens zu passen.

Die Vorstellung von einem maritimen Schutzgeist ist alt. Am Schwarzen Meer glaubte man um 400, der Schiffspatron Phokas schütze die Seeleute, und in der mittelhochdeutschen Ortnit-Sage verbirgt sich der Zwerg Alberich unsichtbar im Mastbaum des Schiffes, um seinen Sohn Ortnit zu schützen. In England und Frankreich schrieb man schon im 18. Jahrhundert über ihn, und Heinrich Heine setzte ihm 1826 in seinen *Reisebildern* ein Denkmal, das ihn weit im Land bekannt werden ließ. Bei ihm findet sich auch die Sitte erwähnt, am Kapitänstisch einen Stuhl und ein Gedeck beim Essen für den Klabautermann frei zu halten.

Bei Überraschung, Erschrecken oder als Zeichen der Anerkennung konnte man auf Segelschiffen deshalb Ausrufe hören wie: »Heiliger Klabautermann!«, oder: »Dass doch der Klabautermann –!«, und ähnliche.

Eine rationale Erklärung für den Glauben an den Klabautermann geht davon aus, dass Planken, zwischen denen die Dichtung durch Werg und Pech sich gelöst hatte, klopfende und schlagende Geräusche machen konnten. Wer ihnen nachging, kam zu den schadhaften Stellen und konnte Lecks in einem frühen Stadium abdichten. Das Klopfzeichen aber schob man dankbar auf den Klabautermann.

Die Schiffe hinter sich verbrennen

Man schreibt das Jahr des Herrn 1519. Am 18. Februar beginnt für Hernando Cortez ein neues Abenteuer. Unbekannt ist er nicht mehr, denn vor acht Jahren hat er mit Diego Velázquez Kuba für die spanische Krone erobert. Gier kennt allerdings keine Grenzen, und Cortez plagt Goldhunger. Er will das Aztekenreich im heutigen Mexiko mit einer tapferen Truppe erreichen, wo sie Gold im Überfluss erwartet.

Weil er sich mit einem mächtigen Gegner anlegt, rüstet er nicht weniger als elf Schiffe aus, auf denen mehr als sechshundert Leute sich drängen, dazu sechzehn Pferde und vierzehn Geschütze. Die Winde wehen günstig, die See bleibt ruhig, und so erreichen sie das Festland an der Mündung des Tabasco.

Nun muss mühsam erst alles von den Schiffen an Land gebracht werden. Kurzerhand gründet Cortez eine Art Siedlung, die er Veracruz nennt. Vielleicht war das ein Fehler, denn seine Leute fühlen sich hier schon ganz wohl. Von einer lebensgefährlichen Expedition gegen das gewaltige Reich der Azteken will kaum noch jemand etwas wissen. Nicht wenige spielen sogar mit dem Gedanken, möglichst rasch wieder zurück nach Kuba zu fahren. Unruhe, Bedenken, ja Meuterei machen sich breit.

Cortez kapiert, dass er jetzt mit klarem Kopf und schnell handeln muss. Historische Beispiele ermuntern ihn zusätzlich, und so zieht er ein paar treue Soldaten ins Vertrauen. Nachts schleicht er mit ihnen an Bord der elf Schiffe und zündet sie an. Eine Rückkehr nach Kuba ist erst einmal unmöglich.

Bevor Empörung sich breitmachen kann, spricht Cortez seiner Truppe Mut zu. Er erzählt ihnen von den Frauen der geflohenen Trojaner, die in sagenhaften Zeiten die Schiffe verbrannt hätten, um auf Sizilien neu anfangen zu können. Er spricht von Julius Caesar und von Wilhelm dem Eroberer, beides große Feldherren, die angeblich ihre Flotte durch Feuer zerstört, ihre Soldaten damit aber in ihrem Mut befeuert hätten.

Die Rede zündet, und die Männer folgen tatsächlich voller Tatendrang ihrem Heerführer Cortez. Mexiko erreichen sie am 8. November. Mit Glück und Heimtücke gelingt es ihnen, den Aztekenherrscher Montezuma gefangen zu nehmen. Von seinen Untertanen verlangen sie als Lösegeld ein Zimmer voll Gold. Die Azteken zahlen es. Kurz darauf kommt es unter den Spaniern zu Streit. Außerdem begehren die Azteken auf, sodass es zu fast zwei Jahre dauerndem Krieg kommt; bis zum August 1521. Erst jetzt kann sich Cortez als Regent der Hauptstadt fühlen.

Europäische Autoren und Historiker wurden nicht müde, von den dramatischen Ereignissen in Mexiko zu berichten. Obwohl Cortez also bei Weitem nicht der Erste war, von dem man erzählte, er habe »die Schiffe hinter sich verbrannt«, verknüpfte man bald die Redensart vor allem mit seinen Taten. In den meisten europäischen Sprachen kennt man sie und beschreibt überall damit die kategorische Entscheidung, sich von allem Vergangenen zu trennen und nur noch vorauszuschauen.

Wenn man eine Zigarette an einer Kerze anzündet, stirbt ein Seemann

Die meisten haben den Spruch schon einmal gehört und sich gewundert. Was verbindet die bequemlich sparsame Geste mit dem Tod schätzbarer Fahrensmänner? Nun, viele Seeleute stellten in der Freizeit oder im Alter Zündhölzer her, um den Lebensunterhalt aufzubessern. Wer sich mit der Kerzenflamme das Zündholz sparte, brachte also den Seemann um seinen Verdienst und damit langfristig ans Hungertuch.

Beginne ein gewaltiges, närrisches Unternehmen, wie Noah!
Dschalaladdin Rumi. Man soll nicht immer nur vernünftig
handeln.

Der fürchtet nicht das Meer, des Schiffer Noah ist.
Einerseits als sehr hohes Lob für einen Kapitän zu verstehen,
andererseits als Unmöglichkeit, da Noah ja längst von der Welt
geschieden ist.

Jeder Noah findet seine Arche.
Verschiedentlich anwendbar, so auf Partnerwahl,
auf die Wahl einer Aufgabe oder Mission.

Noah geht in den Kasten, ehe die Sintflut kommt.
Man muss vorausschauend sein, rechtzeitig handeln.

Es sind nicht lauter Paradiesvögel in Noahs Arche gewesen,
sondern auch Gimpel und Lachtauben.
Spott über Vielschwätzer und Alberne.

Die Welt ist eine große Arche Noah, sie enthält mehr wilde Tiere
als Menschen.
Fatalistische Feststellung, weil es angeblich sehr wenige wirkliche,
menschlich handelnde Menschen gibt.

Gott hat allzeit eine Arche in der Welt und weiß seinen Noah
gut zu erhalten.
Auch: Für die verzweifelte Barke findet Gott einen Hafen.
Italien. Man soll Gottvertrauen haben, da es immer eine Rettung
bei ihm und durch ihn gebe.

Auch in der Arche Noahs ist ein Rabe gewesen.
Es gibt überall schwarze Schafe.

Welche die Arche gebaut haben, sind nicht hineingekommen.
Undank ist der Welt Lohn.

Es ist keine größere Sintflut, als von der Untertanen Augen rinnet.
Georg Philipp Harsdörffer. Kritik an den Herrschenden.

Wenn eine Sintflut befürchtet wird, möchten alle Fische sein.
Je nach Gefahr wäre man gern einer, dem sie nichts anhaben kann.

Der Schiffer wirft den Anker, aber Gott hält ihn.
Auf Gott kommt alles an.

Je größer die Welle, desto höher die Arche.
Man muss sich den Gefahren und Umständen gegenüber
angemessen verhalten.

Was Gott erhalten will, das muss der Hai an Land speien.
Man soll Gottvertrauen auch in der verzweifeltsten Situation nicht
aufgeben. Erinnert an Jonas, der im Wal überlebte und von ihm auf
Gottes Geheiß wieder an Land gespuckt wurde.

Es ist ihm so gesund wie dem Pharao das Rote Meer.
Schadenfreude. Das Rote Meer verschlang schließlich Pharaos
Streitmacht, als sie durch die geteilten Wogen den Israeliten
hinterherhetzten.

Pharao findet sein Rotes Meer.
Hochmut kommt vor dem Fall.

Auf der See soll man sich vor dem Priester doppelt neigen.
In der allgegenwärtigen Gefahr stellt man sich mit Gottes
Stellvertreter lieber gut.

Wenn ein Priester an Bord ist, kann man auf Sturm rechnen.
Aberglauben, der nicht überall verbreitet war.

Mit Gott geh über das Meer, ohne ihn auch nicht über die Schwelle.
Gottvertrauen ist notwendig, hilft überall.

Wo der Mensch die Mole aus Sand baut,
da lässt Gott die Granitblöcke herbeischwimmen.
Russland. Gott vermag auf unwahrscheinlichste Weise zu helfen.

Das Schiff ist vom Stapel gelaufen und Gott in den Arm gelegt.
Russland. An Gottes Segen ist alles gelegen.

Nikolaus rettet im Meer, Nikolaus hebt dem Bauern sein Fuder.
Russland. Der Nationalheilige wurde an Bord und von den Bauern
hoch verehrt.

Wenn das Wasser fällt,
wirst du die Nixe am Strand sehen

Wenn das Wasser fällt, wirst du die Nixe am Strand sehen.
Surinam. Wenn man lange genug lebt/wartet, erlebt man
Ungewöhnliches und Wunder.

Von Floth un Wellen/ Is am besten im Drögen vertellen.
Klaus Groth. Vom sicheren Port aus ist gut von überstandenen
Abenteuern erzählen.

Quellen und weiterführende Literatur

Dietmar Bartz, *Seemannssprache. Von Tampen, Pütz und Wanten.*
  Bielefeld: Delius Klasing 2007
Lutz Bunk, *50 Klassiker. Schiffe. Von der Arche Noah bis zur Cap Anamur.*
  Hildesheim: Gerstenberg 2004
David Crystal, *As They Say in Zanzibar. Proverbial Wisdom From
  Around the World.* London: Collins 2006
Rolf-Bernhard Essig, *Der Rausch der Meere.* Zürich: Oesch 2007
Ulrich Holbein (Hg.), *Dies Meer hat keine Ufer. Klassische Sufi-Mystik.*
  Wiesbaden: Marixverlag 2009
Albert Jack, *Red Herrings and White Elephants. The Origin of the Phrases
  We Use Every Day.* London: Metro 2004
Wiard Lüpkes, *Seemannssprüche. Sprichwörter und sprichwörtliche
  Redensarten über Seewesen, Schiffer- und Fischerleben in den
  germanischen und romanischen Sprachen.* Gesammelt, geordnet und
  erklärt von W. Lübkes. Berlin 1900. Reprint Leipzig 1986
Konrad Reich / Martin Pagel, *Himmelsbesen über weißen Hunden.*
  Düsseldorf: Krammer, 4. Aufl. 1988
Lutz Röhrich, *Lexikon der sprichwörtlichen Redensarten.*
  Freiburg: Herder 2003
Karl Friedrich Wilhelm Wander, *Deutsches Sprichwörter-Lexikon.
  Ein Hausschatz für das deutsche Volk.* Leipzig 1867. Reprint. Kettwig:
  Athenaion 1987
Thies Völker, *Lexikon berühmter Schiffe. Spektakuläre Abenteuer
  von der Arche Noah bis zur Titanic.* Frankfurt am Main:
  Eichborn 2002

Um die ganze Welt des
GOLDMANN-*Sachbuch*-Programms
kennenzulernen, besuchen Sie uns doch
im Internet unter:

www.goldmann-verlag.de

Dort können Sie
nach weiteren interessanten Büchern *stöbern*,
Näheres über unsere *Autoren* erfahren,
in *Leseproben* blättern, alle *Termine* zu Lesungen und
Events finden und den *Newsletter* mit interessanten
Neuigkeiten, Gewinnspielen etc. abonnieren.

Ein *Gesamtverzeichnis* aller Goldmann Bücher finden
Sie dort ebenfalls.

Sehen Sie sich auch unsere *Videos* auf YouTube an und
werden Sie ein *Facebook*-Fan des Goldmann Verlags!

www.goldmann-verlag.de
www.facebook.com/goldmannverlag

 GOLDMANN
Lesen erleben